Ekkehard Kaier

Die InterAktiv-Schulung
MS-DOS

»So fangen Sie an«

Bookware bietet durch interaktives
Arbeiten mit Buch & Lernprogramm den einfachen Weg,
mit MS-DOS vertraut zu werden.

Bookware von innomedia · Vieweg

CIP-Titelaufnahme der Deutschen Bibliothek

Kaier, Ekkehard:
Die InterAktiv-Schulung MS-DOS „So fangen
Sie an": Bookware bietet durch interaktives
Arbeiten mit Buch & Lernprogramm d. ein-
fachen Weg, mit MS-DOS vertraut zu werden;
einschl. MS-DOS 4.0 / Ekkehard Kaier. –
Braunschweig; Wiesbaden: Vieweg, 1989
   (Bookware von Innomedia)

ISBN-13: 978-3-528-04673-6   e-ISBN-13: 978-3-322-85313-4
DOI: 10.1007/978-3-322-85313-4

Das in diesem Buch enthaltene Programm-Material ist mit keiner Verpflichtung oder Garantie irgend-
einer Art verbunden. Der Autor, die innomedia GmbH und der Verlag übernehmen infolgedessen keine
Verantwortung und werden keine daraus folgende oder sonstige Haftung übernehmen, die auf irgend-
eine Art aus der Benutzung dieses Programm-Materials oder Teilen davon entsteht.

Der Verlag Vieweg ist ein Unternehmen der Verlagsgruppe Bertelsmann.

Vorwort zur 3. Auflage

Bookware kombiniert die beiden Medien Buch und Lernprogramm. Das vorliegende Buch *Interaktiv-Schulung MS-DOS* geht nach dem Bookware-Konzept vor.

Das Buch vermittelt in kleinen Einheiten das Grundwissen zum Betriebssystem MS-DOS. Dieses Wissen kann danach direkt am Personalcomputer angewendet, eingeübt und vertieft werden. Das dazu erforderliche Lernprogramm ist auf der dem Buch beiliegenden Diskette gespeichert. Die Lerneinheiten von Buch und Lernprogramm sind exakt aufeinander abgestimmt.

Das Lernprogramm wurde von *innomedia Lernsysteme*, Rüsselsheim, entwickelt und getestet.

MS-DOS gilt heute als Standard-Betriebssystem für Personalcomputer. Die vorliegende Bookware bezieht sich auf die Kommandozeilen-Oberfläche des Betriebssystems, die von MS-DOS 2.x, MS-DOS 3.x und MS-DOS 4.0 unterstützt wird. Diese Kommandozeilen-Oberfläche bildet − auch nach Einführung der optionalen DOS-Shell von MS-DOS 4.0 − die Grundlage für den sicheren Umgang mit dem PC.

Heidelberg, im August 1988   Dr. Ekkehard Kaier

Inhaltsverzeichnis

Interaktiv-Schulung MS-DOS

Kapitel I

Bookware = Buch + Lernprogramm

Was ist Bookware? Unter *Bookware* versteht man die Verbindung von Buch und Lernprogramm.

- Im Buch wird ein Kurs angeboten. Im vorliegenden Buch ist es ein Grundlagenkurs zum Betriebssystem MS-DOS. An kleinen, überschaubaren Beispielen wird Schritt für Schritt in dieses Betriebssystem eingeführt.
- Im Lernprogramm werden Übungen angeboten, die im Dialog zwischen Ihnen und dem auf Diskette gespeicherten Programm am Personalcomputer durchgeführt werden. Diese Übungen ermöglichen es Ihnen, Ihr Wissen zu MS-DOS in simulierter Umgebung zu erproben und zu testen.

Die beiden Medien Buch und Lernprogramm (Diskette) bilden eine funktionale Einheit, die Ihnen als dem Lernenden einen möglichst schnellen und langanhaltenden Lernerfolg sichern soll. Es gibt zahlreiche wissenschaftliche Untersuchungen darüber, wie ein Mensch am schnellsten lernt und am meisten behält. Mit der *Bookware* werden zwei Medien kombiniert, um die wissenschaftlichen Erkenntnisse in die Praxis umzusetzen.

Interaktiv-Schulung MS-DOS

Kapitel I

Bookware = Buch + Lernprogramm

2.1 Lerngeschwindigkeit und Lernweg

Sie bestimmen Ihre Lerngeschwindigkeit selbst: Das Lernprogramm besteht aus vielen kleinen Lernschritten, die Sie nacheinander am Bildschirm sehen. Sie werden aufgefordert, eine Texteingabe vorzunehmen, einen Pfeil zu einer bestimmten Stelle der Bildschirmanzeige zu bewegen, usw. Das Lernprogramm schreibt Ihnen dabei nicht vor, wie lange Sie sich eine bestimmte Situation ansehen bzw. bei einem bestimmten Lernschritt verweilen sollen. Sie entscheiden durch Tastendruck selbst, wann es im Lernprogramm weitergeht. Das bedeutet: Sie bestimmen Ihre Lerngeschwindigkeit selbst.

Sie bestimmen Ihren Lernweg selbst: Unten auf Ihrem Bildschirm erscheint eine Funktionsleiste, die Ihnen die verschiedenen Möglichkeiten zur Steuerung des Lernprogramms (wir nennen sie Lernerfunktionen) anzeigt. Beispiele: Über die Taste F8 kehren Sie zum Anfang der letzten Übung zurück. Über die Taste HLF fordern Sie Hilfstexte an. Über die Taste F3 fordern Sie das Inhaltsverzeichnis des Lernprogramms an, um eine andere Lektion auszuwählen.

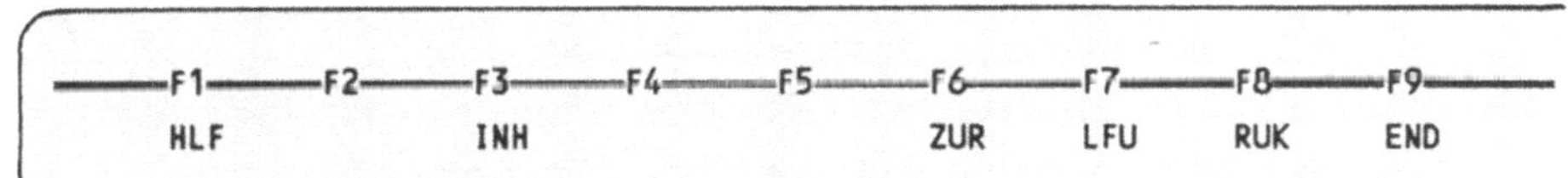

Mit Hilfe der Lernerfunktionen bestimmen Sie, welche Übungen Sie bearbeiten, welche Hilfen Sie in Anpruch nehmen bzw. welchen Lernweg Sie beschreiten wollen.

2.2 Lernprogramm starten

Zum Starten tippen Sie LPDOS (oder lpdos bzw. lPDoS) ein, und am
Bildschirm erscheint die folgende Mitteilung:

```
        ┌──────────────────────────────────────────────┐
        |                                              |
        |   Herzlich willkommen zum MS-DOS-Lernprogramm! |
        |                                              |
        └──────────────────────────────────────────────┘


   Hier haben Sie Gelegenheit, das im Buch Gelesene in praktischen
   Beispielen zu üben und nachzuvollziehen.


   Wenn Sie zum ersten Mal mit diesem Programm arbeiten, möchten
   wir Ihnen zunächst zeigen, wie einfach Sie damit lernen können.
   Drücken Sie dazu bitte die Taste [RETURN].


   Wenn die Bedienung des Lernprogramms nicht mehr neu für Sie
   ist, weil Sie schon einmal damit gearbeitet haben, können Sie
   mit [LEER] die Bedienungshinweise übergehen.
```

Lernprogramm-Bildschirm nach dem Programmstart

Sie haben also zwei Möglichkeiten:
   - Sie können sich eine Bedienungsanleitung zeigen lassen. Drücken
     Sie dazu die Return-Taste (sie kann auch als Enter- oder Eingabe-
     Taste beschriftet sein).
   - Sie übergehen die Bedienungsanleitung und beginnen sofort mit
     dem Lernprogramm. Drücken Sie dazu die Leer-Taste (das ist die
     lange Taste in der unteren Tastenreihe; sie wird auch als Leerzei-
     chen- bzw. Space-Taste bezeichnet).

2.3 Lernerfunktionen

Die Lernerfunktionen werden grundsätzlich mit den Funktionstasten F1
bis F9 aufgerufen. Die Funktionstasten sind entweder links (Tastaturen
AT und XT) oder oben (Tastatur MF) angeordnet Auf die verschiedenen
Tastaturen wird in der Lernprogramm-Lektion 2.3 eingegangen.

- Der Lernprogramm-Bildschirm informiert Sie über die Lernerfunktionen, die gerade verfügbar sind. Dazu wird unten am Bildschirm eine Funktionsleiste sichtbar, in denen den Funktionstasten
  eine dreistellige Abkürzung zugeordnet ist.

- Der folgende Lernprogramm-Bildschirm ist den Bedienungshin-
  weisen entnommen und zeigt die Lernerfunktionen. Aktiv sind gerade die Lernerfunktionen F1, F3, F7 und F9.

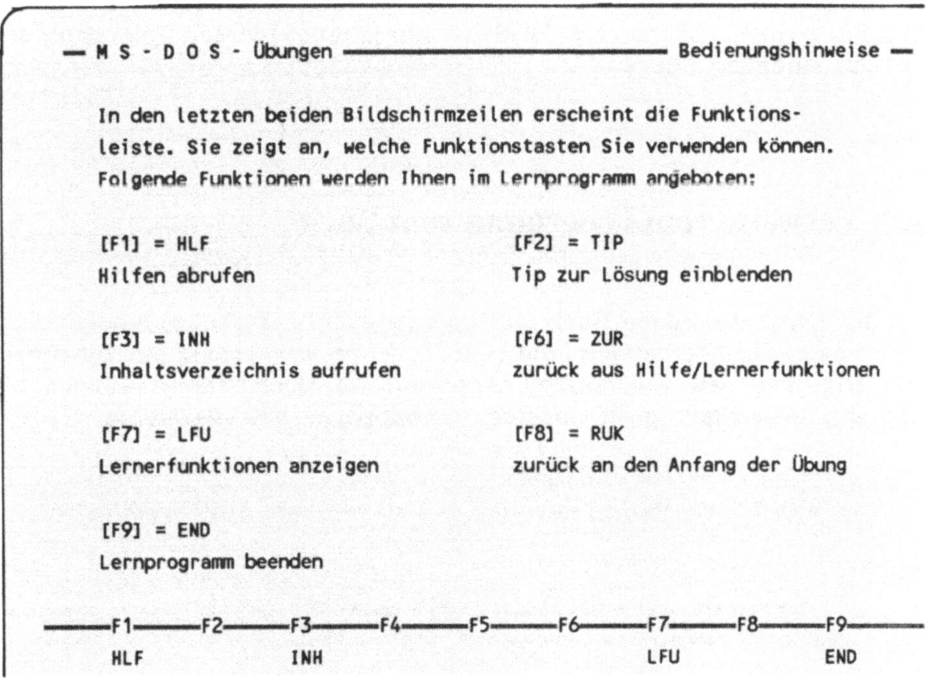

Lernprogramm-Bildschirm mit den Lernerfunktionen

F1 für HLF = HILFE:
Mit der Funktionstaste F1 rufen Sie Hilfsteste ab, die Sie unterstützen,
wenn Sie mit der Übung nicht mehr weiterkommen.

F3 für INH = INHALTSVERZEICHNIS:
Mit F3 kehren Sie wieder zum Inhaltsverzeichnis des Lernprogramms zurück. Aus dem dort wiedergegebenen Verzeichnis können Sie sich eine andere Lektion auswählen.

F6 für ZUR = ZURÜCK:
Nach dem Aufruf von Hilfstexten (F1) oder der Übersicht der Lernerfunktionen (F7) gelangen Sie mit F6 wieder zu der Ausgangsposition im Lernprogramm zurück.

F7 für LFU = LERNERFUNKTIONEN:
Mit F7 rufen Sie eine Übersicht der vorhandenen Lernerfunktionen auf.

F8 für RUK = RÜCKSPRUNG:
Mit F8 gehen Sie an den Anfang der letzten Übung zurück, um diese dann noch einmal zu wiederholen.

F9 für END = ENDE:
Mit F9 beenden Sie das MS-DOS-Lernprogramm. Sie gelangen dann sofort zur rufenden Ebene.

2.4 Verweise vom Programm zum Buch

Bei der *Bookware* bilden Buch und Lernprogramm (Diskette) eine Einheit. Aus diesem Grunde verweist die erste Zeile des Lernprogramm-Bildschirmes stets auf den zugehörigen Abschnitt im Buch. Damit können Sie während der Arbeit am PC im Buch nachschlagen bzw. nachlesen.

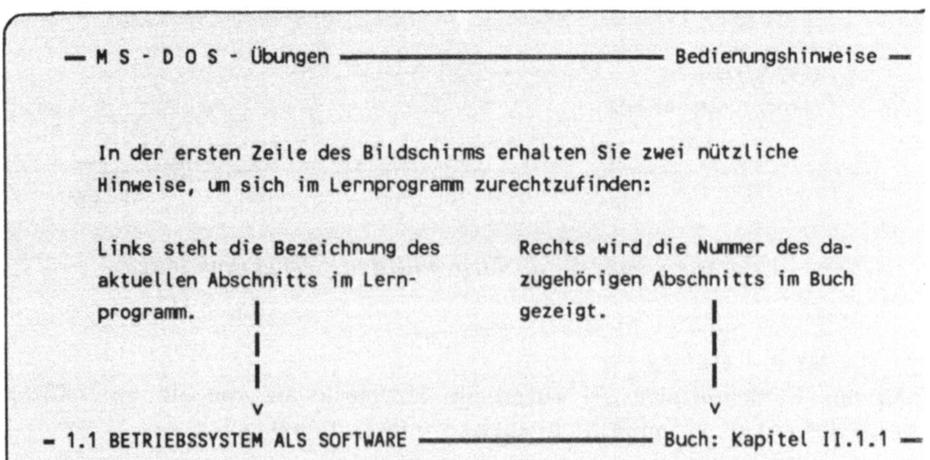

Lernprogramm-Bildschirm zur Erklärung der ersten Bildschirmzeile

2.5 Arbeiten mit dem Lernprogramm

Nachdem Sie das Lernprogramm mit der Eingabe von LPDOS gestartet
haben, werden Sie im folgenden Bildschirm nach der Konfiguration Ihres
PCs (Konfiguration bedeutet "Zusammenstellung der verfügbaren Geräte
bzw. Einheiten") gefragt. Geben Sie als Antwort 1, 2 oder 3 ein.

```
Bevor Sie ins Lernprogramm einsteigen, benötigen wir von Ihnen
noch eine Information.
Besitzt Ihr PC, mit dem Sie augenblicklich arbeiten,

1) - ein Diskettenlaufwerk und eine Festplatte
      2) - zwei Diskettenlaufwerke, aber keine Festplatte
            3) - zwei Diskettenlaufwerke und eine Festplatte?


Bitte geben Sie die entsprechende Ziffer ein: _
Bestätigen Sie Ihre Eingabe mit [RETURN].
```

Lernprogramm-Bildschirm mit der Frage nach der Konfiguration

Nach dem Starten des Lernprogramms, nach dem Beenden einer Übung
bzw. nach Eingabe von F3 erscheint das Lektionsverzeichnis als Hauptmenü des Lernprogramms.

- Die Lektionen 1 bis 6 des Lernprogramms stimmen mit den Abschnitten 1 bis 6 des Buches überein. Zum Buchabschnitt 7 ist keine Übung vorgesehen.
- Durch die Cursortasten (auch Pfeiltasten genannt) bewegen Sie die
  Markierung ">>" zur gewünschten Lektion, um dann diese Lektion
  mit der Return-Taste zu aktivieren.
- Mit F3 können Sie sich das Hauptmenü von jeder Stelle im Lernprogramm aus jederzeit auf den Bildschirm holen.

```
— M S - D O S - Übungen ————————————— Lektionsverzeichnis —


       >>   1   Grundlagen des Betriebssystems

            2   Wichtige interne Befehle

            3   Wichtige externe Befehle

            4   Verzeichnisstruktur

            5   CONFIG.SYS und AUTOEXEC.BAT

            6   Stapelverarbeitungs-Befehle

            P R O G R A M M   B E E N D E N


       Bitte mit ↑ und ↓ auswählen und mit [RETURN] bestätigen.
```

Lernprogramm-Bildschirm mit dem Lektionsverzeichnis als Hauptmenü

Interaktiv-Schulung MS-DOS

Kapitel I

Bookware = Buch + Lernprogramm

PC ohne Festplatte: Verfügen Sie über einen PC ohne Festplatte, dann brauchen Sie das Lernprogramm MS-DOS überhaupt nicht zu installieren. Die folgenden Informationen brauchen Sie nicht durchzulesen. Zum Starten des Lernprogramms legen Sie die Diskette in Laufwerk A: ein und tippen dann LPDOS ein.

PC mit Festplatte: Installieren heißt Einrichten. Das Lernprogramm wird auf Ihre Festplatte kopiert und dort eingerichtet. Gehen Sie dazu wie folgt in drei Schritten vor:

1. Der PC ist eingeschaltet und das Betriebssystem ist geladen. Am Bildschirm steht das Bereitschaftszeichen, zum Beispiel "C:>". Legen Sie nun die Lernprogramm-Diskette in das Diskettenlaufwerk A: ein. Beim Einlegen zeigen das Etikett nach oben und die Einkerbung der Diskette nach links.

2. Tippen Sie nun
   A:INSTALL
   ein und drücken Sie die Return-Taste. Damit rufen Sie das Install-Programm auf, das auf der Lernprogramm-Diskette gespeichert ist. Dieses Programm beginnt jetzt zu arbeiten:
   - Auf Ihrer Festplatte ein Verzeichnis namens LPDOS anlegen.
   - Alle Dateien von Diskette A: in das Verzeichnis C: kopieren.
   - Eine Meldung über das Ende der Installierung anzeigen.

3. Am Bildschirm steht wieder das Bereitschaftszeichen, zum Beispiel "C:>". Entnehmen Sie nun die Lernprogramm-Diskette aus dem Laufwerk. Sie wird für die Arbeit nicht mehr benötigt, da alle Dateien auf die Festplatte kopiert sind. Zum Starten des Lernprogramms geben Sie einfach LPDOS ein.

Ein Hinweis:
Einmal installieren: Sie installieren das Lernprogramm nur einmal auf Ihrem PC. Sie tippen also nur einmal A:INSTALL ein.
Mehrmals starten: Sie starten das Lernprogramm jedes Mal neu, wenn Sie damit Arbeiten und üben möchten. Sie tippen also wiederholt LPDOS ein.

Interaktiv-Schulung MS-DOS

Kapitel II

Grundlagenkurs MS-DOS

1.1 Betriebssystem als Software

PC = Hardware + Software: Ein Personalcomputer besteht aus Hardware und aus Software. Unter der Hardware versteht man die Geräte und Datenträger (z.B. Diskette), d.h. die Teile des PCs, die man anfassen kann. Die Software umfaßt Daten und Programmem, d.h Information, die man natürlich nicht anfassen kann.

Hardware: Die für einen PC typische Geräteausstattung zeigt eine Zentraleinheit (auch CPU genannt (Central Processing Unit)), an die folgende periphere Geräte angeschlossen sind:

- Tastatur zur Eingabe.
- Bildschirm zur Ausgabe.
- Drucker zur Ausgabe.
- Festplatte (Harddisk) C: als externer Speicher.
- Diskette A: und ggf. Diskette B: als externe Speicher.

Für einen Personalcomputer typische Geräteausstattung (Hardware)

Software: Der Begriff der Information ist identisch mit der Software. Man unterscheidet zwei Arten von Software: Daten und Programme.

- *Daten* als Information, die verarbeitet wird. Beispiel: Die Lagerbestandsdaten einer Artikeldatei werden aktualisiert.
- *Programm* als Information darüber, wie zu verarbeiten ist. Beispiel: Ein Lagerhaltungsprogramm als Folge von Anweisungen, um die Lagerbestandsdaten fortzuschreiben.

Man sagt auch: Daten sind passive Information (*was* wird verarbeitet?) und Programme sind aktive Information (*wie* ist zu verarbeiten?).

Betriebssystem: Anwenderprogramme und Systemprogramme sind als grundlegende Programmtypen zu trennen.

- Anwenderprogramme lösen spezielle Probleme des Anwenders. Beispiele: Lagerhaltungsprogramm, Lohn/Gehalt, Finanzbuchhaltung, Rechnungsschreibung. Man spricht auch von Anwendersoftware.
- Systemprogramme steuern das Zusammenwirken aller Bestandteile des Personalcomputers. Die Gesamtheit der Systemprogramme bezeichnet man als Systemsoftware bzw. Betriebssystem.

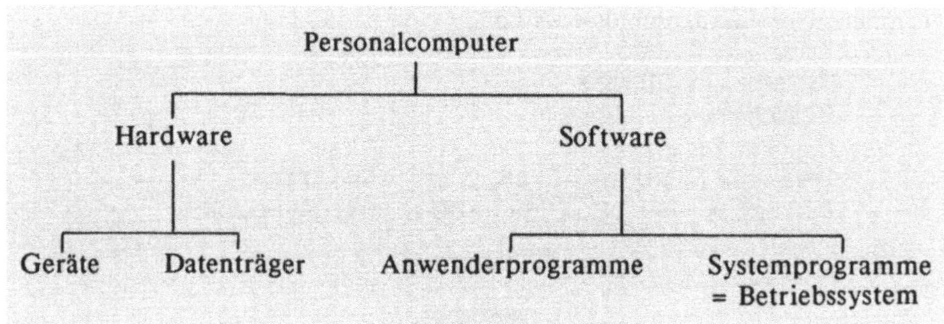

Betriebssystem als Systemsoftware

Betriebssystem als Mittler zwischen Hardware und Anwendersoftware:
Das Betriebssystem hat die Aufgaben, den tagtäglichen Betrieb des jeweiligen Computer-Systems zu überwachen und zu kontrollieren. Ohne Betriebssystem läuft nichts. Es überwacht das Starten des PCs, übernimmt das Kopieren von Disketten, ermöglicht das Löschen von Einträgen auf Platte, stellt Befehle zum Ausdrucken von Programmen bereit usw.

MS-DOS als Standard: Unter den zahlreichen Betriebssystemen hat sich MS-DOS zu einem Standard-Betriebssystem für Personalcomputer entwickelt. MS-DOS steht für "Microsoft-Disk Operating System", also für "Platten Betriebssystem der Herstellerfirma Microsoft". Mit Platte bzw. Disk wird sowohl die Festplatte (Harddisk) als auch die Diskette (Flexy Disk) bezeichnet. Wenn in diesem Buch von der Platte gesprochen wird, dann sind beide Externspeicher gemeint.

1.2 Starten mit MS-DOS

1.2.1 MS-DOS von der Systemdiskette starten

Systemdiskette: Das Betriebssystem MS-DOS besteht aus zahlreichen Programmen bzw. Programmdateien, die vom Hersteller auf einer Systemdiskette geliefert werden. Zum Starten geht man wie folgt in vier Schritten vor (Kaltstart):

1. Systemdiskette in Diskettenlaufwerk A: einlegen und verriegeln.
2. Angeschlossene Geräte einschalten (z.B. Drucker).
3. Computer einschalten.
4. MS-DOS startet sich selbst.

Standardlaufwerk A: Vom Hersteller ist das Diskettenlaufwerk A: willkürlich als Standardlaufwerk eingestellt worden. Das bedeutet, daß der PC nach dem Einschalten stets im Laufwerk A nach einem Startprogramm sucht, um es in den Hauptspeicher zu kopieren. Man nennt dieses Programm auch Bootprogramm, da es sich entsprechend dem "pulling yourself by your bootstrap" beim Starten "alleine an den eigenen Haaren aus dem Sumpf emporzieht":

- MS-DOS lädt sich selbst in den Hauptspeicher, der auch als RAM bezeichnet wird (RAM für Random Access memory, Direktzugriffspeicher): Wichtige Teile werden von der Systemdiskette in den RAM kopiert.
- Ein Testprogramm prüft, ob alle angeschlossenen Geräte (Diskettenlaufwerke, Drucker usw.) funktionieren.
- Sie werden gegebenenfalls zur Eingabe von Datum und Uhrzeit aufgefordert.
- Abschließend meldet MS-DOS seine Bereitschaft mit dem Zeichen "A>". Man spricht auch vom Bereitschafts- bzw. Promptzeichen oder kurz vom Prompt.

Aktives Laufwerk: Das Prompt "A>" besagt, daß das Diskettenlaufwerk A: als aktives Laufwerk bzw. Standardlaufwerk eingestellt ist. Der Cursor steht hinter dem ">"-Zeichen. MS-DOS wartet auf eine Eingabe des Benutzers und bezieht diese auf A: als derzeit aktives Laufwerk.

Booten: Das Laden wichtiger MS-DOS-Bestandteile von Diskette in den RAM wird als Booten bzw. Bootload bezeichnet. Etwas vereinfacht bedeutet Booten dasselbe wie Starten bzw. Selbststarten. Das Diskettenlaufwerk A: wird auch **Bootlaufwerk** genannt; die Diskette in Laufwerk A: enthält MS-DOS.

```
Systemdatum: Di,  1.01.1980
Neues Datum (tt.mm.jj) eingeben: 19.12.87
Zeit ist:  0.00.41,57
Neue Zeit (hh.mm.ss) eingeben: 12.30
A>
```

Bildschirmdialog beim Booten (Benutzereingabe unterstrichen):
Nach Eingabe von Datum und Uhrzeit meldet sich MS-DOS
mit "A>" als Prompt

1.2.2 MS-DOS von einer bootfähigen Diskette starten

Eine bootfähige Diskette ist eine startfähige Diskette. Sind z. B. auf einer dBASE-Diskette (Datenbankverwaltung dBASE) oder einer Word-Diskette (Textverarbeitung Word) die zum Booten erforderlichen Teile von MS-DOS gespeichert, kann diese als Bootdiskette verwendet werden. Wir gehen in drei Schritten vor:

1. Bootdiskette in Laufwerk A: einlegen und verriegeln.
2. Angeschlossene Geräte einschalten (z.B. Drucker).
3. PC einschalten.
4. MS-DOS wird von Laufwerk A: gebootet.

Nach dem Booten kann das System wie folgt reagieren:
-   *Erste Möglichkeit:* MS-DOS meldet sich mit seinem Prompt "A>". Dieses Prompt kann auch in abgewandelter Form am Bildschirm auftauchen, wie z.B. als "A:\>".
-   *Zweite Möglichkeit:* MS-DOS lädt automatisch das entsprechende Programm wie z.B. dBASE, das sich dann mit seinem Prompt "." meldet.

1.2.3 MS-DOS von der Festplatte starten

Um von der Festplatte aus zu booten, geht man in vier Schritten vor:

1. Standardlaufwerk A: entriegeln.
2. Angeschlossene Geräte einschalten (z.B. Drucker).
3. PC einschalten.
4. MS-DOS wird von Festplattenlaufwerk C: gebootet.

Nach dem Einschalten des PCs wird stets im Standardlaufwerk A: gesucht. Befindet sich darin keine Diskette bzw. ist das Laufwerk entriegelt, wird automatisch auf der Festplatte von Laufwerk C: nach dem Bootprogramm gesucht. Andernfalls gibt MS-DOS z.B. die folgende Fehlermeldung aus (Abkürzung DSKT für Diskette):

```
Keine SYS-DISKT oder fehlerhafte DSKT
Austauschen eine Taste betätigen
```

Nach Abschluß des Bootvorgangs sind wiederum zwei Möglichkeiten denkbar:
- MS-DOS meldet z.B. sich mit "C>" als seinem Prompt.
- MS-DOS aktiviert automatisch ein anderes Programm, das sich dann mit seinem Prompt bzw. seiner Benutzeroberfläche meldet.

1.3 Zusammenfassung

In Abschnitt 1 haben Sie die Grundlagen des Betriebssystems MS-DOS kennengelernt. Sie wissen nun:

- Was die Begriffe Hardware und Software bedeuten.
- Wie das Betriebssystem als Systemsoftware einzuordnen ist.
- Welchen Zweck MS-DOS als Betriebssystem hat.
- Was man unter Booten bzw. Bootlaufwerk versteht.
- Welcher Bildschirmdialog sich beim Booten entwickeln kann.
- Wie man MS-DOS von einer Diskette startet.
- Wie man MS-DOS von der Festplatte startet.

1.4 MS-DOS-Übungen

Im Lernprogramm sind die Übungen zum vorliegenden Buchabschnitt 1 in der gleichnamigen Lektion

> **1 Grundlagen des Betriebssystems**

zusammengefaßt. Starten Sie das Lernprogramm mit LPDOS und wählen Sie dann die Lektion 1 aus dem Lektionsverzeichnis aus.

Interaktiv-Schulung MS-DOS

Kapitel II

Grundlagenkurs MS-DOS

MS-DOS-Befehle sind MS-DOS-Programme: Auf der Systemdiskette sind die Programme des Betriebssystem MS-DOS gespeichert. Jedes Programm hat einen Namen und kann vom Benutzer wie ein Befehl durch Eingabe seines Namens aufgerufen und aktiviert werden. Anders ausgedrückt: Jedes Befehlswort von MS-DOS stellt gleichzeitig des Namen eines Systemprogramms von MS-DOS dar.

Interne und externe Befehle:
Interne Befehle wurden beim Booten von der Systemdiskette in den RAM geladen. Rufen Sie einen solchen Befehl auf, dann muß die Systemdiskette nicht im aktiven Laufwerk einliegen. Der Befehl befindet sich ja bereits im RAM. Man spricht von internen Befehlen, da diese im RAM als Haupt- bzw. Arbeitsspeicher präsent sind.
Externe Befehle: Ruft man einen externen Befehl durch Angabe seines Namens auf, dann muß das betreffende MS-DOS-Programm zunächst von der Systemdiskette in den RAM geladen werden, bevor es ausgeführt werden kann. Aus diesem Grunde erhalten Sie eine Fehlermeldung, wenn zum Zeitpunkt des Eintippen eines externen Befehls keine Systemdiskette im aktiven Laufwerk gefunden wird.

Grundlegende MS-DOS-Befehle

Interne Befehle		Externe Befehle	
DIR	Directory anzeigen	FORMAT	Formatieren
d:	Laufwerk einstellen	DISKCOPY	Disketten kopieren
COPY	Datei kopieren	DISKCOMP	Disketten vergleichen
RENAME	Datei umbenennen		
ERASE	Datei entfernen	SYS	System kopieren
TYPE	Dateiinhalt anzeigen		

Interne und externe Befehle von MS-DOS

2.1 Inhaltsverzeichnis der Platte anzeigen mit DIR

Aufgabe des Befehls DIR: Auf einer Platte (Diskette oder Festplatte) sind stets zwei unterschiedliche Informationseinheiten gespeichert: Dateien und ein Inhaltsverzeichnis.

- Eine oder mehrere Datei(en) (engl. *Files*) mit Programmen (engl. *Program Files* für Programmdateien) oder Daten (engl. *Data Files* für Datendateien).
- Ein Inhaltsverzeichnis (engl. *Directory*), in dem zu jeder Datei neben dem Dateinamen weitere Angaben wie Speicherort der Datei auf Platte, Datum der letzten Speicherung usw. eingetragen sind.

Mit dem Befehl DIR kann man sich das Inhaltsverzeichnis einer Platte am Bildschirm anzeigen lassen.

Format zum Aufrufen des Befehls DIR:
Die einfachste Form des Befehlsaufrufs lautet DIR. Die in Klammern gesetzten Angaben sind somit optional, d.h. sie können auch weggelassen werden.

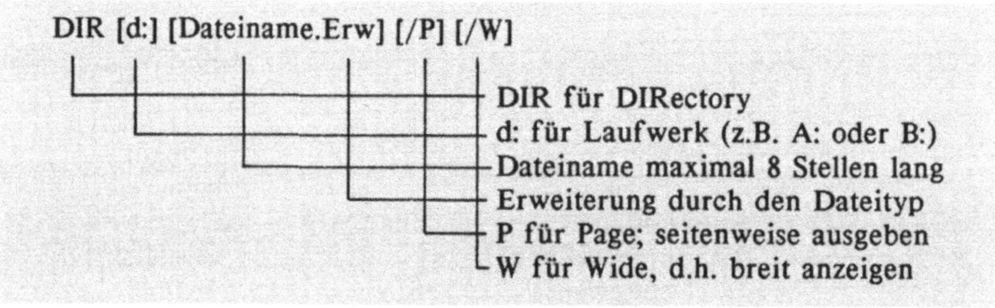

Format zum Aufrufen des Befehls DIR

Beispiel zum Befehl DIR: Im wiedergegebenen Bildschirmdialog ist *dir* als Eingabe des Benutzers durch Unterstreichen gekennzeichnet. Die rechts angegebenen Zeichen a), b), ... markieren Erklärungen. Sie wurden im Zuge des Dialogs zwischen dem Benutzer (gibt *dir* ein) und MS-DOS (das Betriebssystem gibt alle übrigen Zeilen aus) weder ein- noch ausgegeben, sondern nachtrählich eingesetzt:

a) Hinter dem MS-DOS-Prompt "A>" tippen Sie das Befehlswort *dir* ein. Da MS-DOS Ihre Eingabe in Großbuchstaben umsetzt, können Sie auch *dIR, dIr, DIR* usw. eintippen.
b) MS-DOS findet eine Diskette im aktiven Laufwerk und meldet, daß sie keinen Namen hat.

c) Die Dateien werden aufgelistet. Zu jeder Datei werden folgende
   Angaben angezeigt (Beispiel: COMMAND als 3. Datei):
   - Dateiname COMMAND
   - Dateityp COM
   - Speicherplatz 25979 Zeichen (Bytes)
   - Datum der letzten Speicherung 18. März 1987
   - Zeitangabe 15 Uhr
d) 41 als Anzahl der auf Platte abgelegten Dateien.
   15360 Zeichen als derzeit noch freier Speicherplatz.

```
A>dir                                          a)


Dskt/Platte in Laufwerk A hat keinen Namen     b)
Verzeichnis von A:\


CONFIG   SYS       14  31.05.87   12.40
AUTOEXEC BAT       41  28.05.87   12.00
COMMAND  COM    25979  18.03.87   15.00         c)
FORMAT   COM    11952  11.04.87   16.00
DISKCOPY COM     6375  11.04.87   16.00
XCOPY    EXE    11480  11.04.87   16.00
SYS      COM     4671   1.07.87   15.00
KEYB     COM     9168  11.04.87   16.00

....
      41 Datei(en)      15360 Byte frei          d)
```

Inhaltsverzeichnis der Systemdiskette mit Befehl DIR anzeigen

Dateibezeichnung: Die Dateibezeichnung besteht aus einem Dateinamen
und dem Dateityp als Erweiterung:

- Der Dateiname ist maximal 8 Zeichen lang und sollte mit einem
  Buchstaben beginnen. Die Datei AUTOEXEC hat einen acht Zeichen langen Namen.
- Der Dateityp ist maximal drei Zeichen lang. Im obigen Beispiel
  finden Sie die Dateitypen BAT, SYS, COM und EXE.
- Der DIR-Befehl trennt Dateiname und Dateityp durch Leerzei-
  chen. Bei der Angabe durch den Benutzer jedoch muß man den "."
  zur Trennung angeben. Beispiele: AUTOEXEC.BAT, COM-
  MAND.COM, SYS.COM.

Beispiele für Dateitypen:

- COM (für COMmand) und EXE (für EXEcutable) kennzeichnen sofort ausführbare Dateien. "Sofort ausführbar" heißt, daß man kein Programmiersystem wie z. B. Pascal oder BASIC zum Ausführen der Dateien benötigt.
- COMMAND.COM umfaßt alle internen Befehle von MS-DOS und stellt den Kern des Betriebssystems dar.
- FORMAT.COM, DISKCOPY.COM und XCOPY.EXE sind externe Befehle, auf die in Abschnitt 3 eingegangen wird.
- BAT (für BATch bzw. Stapel) kennzeichnet eine Datei, in der andere Befehle gestapelt gespeichert sind (siehe Abschnitt 5).

Breite Anzeige des Inhaltsverzeichnisses: Durch Eingabe von DIR/W werden jeweils drei Dateien nebeneinander verkürzt angezeigt.

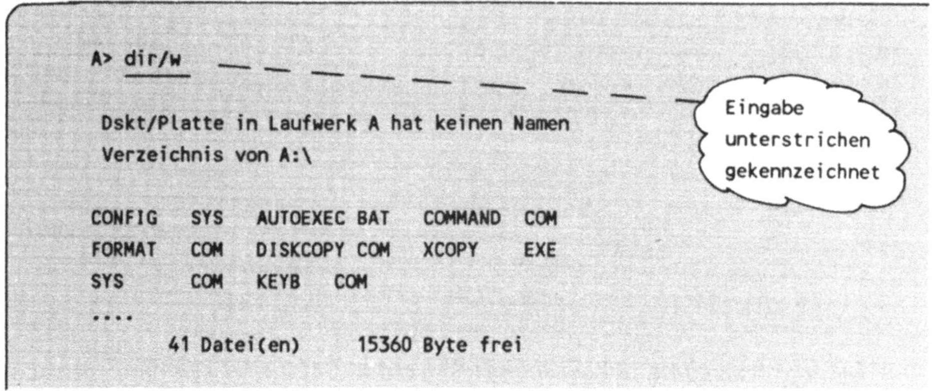

Inhaltsverzeichnis der Systemdiskette mit Befehl DIR/W anzeigen

Existenz einer Datei prüfen: Geben Sie hinter DIR den Namen einer Datei an, so sucht MS-DOS diese Datei im aktiven Laufwerk und gibt - falls nicht gefunden - eine Fehlermeldung aus.

```
A>dir kommand.kom
Dskt/Platte in Laufwerk A hat keinen Namen
Verzeichnis von A:\
Datei nicht gefunden
A>
```

Dateigruppen bilden durch die Jokerzeichen "*" und "?":
Das Zeichen "*" dient als Ersetz-, Dateigruppen- bzw. Globalzeichen für mehrere Zeichen, während das Zeichen "?" ein Einzelzeichen ersetzt.

- Die Befehle DIR und DIR *.* sind identisch.
- DIR *.COM zeigt alle Dateien mit dem Dateityp COM an.
- DIR AUTO*.* zeigt alle mit "AUTO" beginnenden Dateien an.
- DIR F?????.EXE zeigt alle mit "F beginnenden EXE-Dateien an,
  deren Namen genau sechs Zeichen lang sind.

2.2 Plattenlaufwerk wechseln d:

Aufgabe des Befehls d: Nach dem Booten von Diskette ist A: als aktives
Laufwerk eingestellt. Am Bildschirm erscheint das Prompt "A:>". Durch
Eingabe von zum Beispiel B: oder C: (also Namensbuchstaben eines Lauf-
werkes, gefolgt von einem ":") wechselt man zu diesem Laufwerk; von
diesem Zeitpunkt an ist dieses Laufwerk aktiv.

    d:

d für eines der angeschlossenen Laufwerke A, B, C, D, ...

*Format zum Aufrufen des internen Befehls d: für das Wechsel
des Laufwerks*

Beispiel zum Befehl d: Der Befehl DIR wird zweimal eingegeben, um das
Directory der Festplatte C: und der Diskette B: anzuzeigen.

```
A>c:                                                            a)
C>dir                                                           b)
    Dskt./Platte in Laufwerk C ist FESTPL1

    .....
C>b:                                                            c)
B>dir
    Dskt./Platte in Laufwerk B hat keinen Namen

    .....
B>a:                                                            d)
A>
```

Von Laufwerk A: zu C:, zu B: und wieder zu A: wechseln

a) Durch Eingabe des Befehls "C:" wird C: als aktives Laufwerk eingestellt. MS-DOS meldet dies mit dem Prompt "C:>".
b) Der DIR-Befehl bezieht sich nun auf das Festplattenlaufwerk C:.
c) Nach erneutem Wechseln zu Laufwerk B: bezieht sich der DIR-
   Befehl nun auf die in B: einliegende Diskette.
d) A: wird wieder zum aktiven Laufwerk.

Aktives Laufwerk "einschalten": Ein Laufwerk ist so lange aktiv, bis zu
einem anderen Laufwerk gewechselt wird. Der Befehl *d:* wirkt also wie
ein Schalter.

2.3 Besondere Tasten bei der Befehlseingabe

Tastatur "Deutschland MF": Neuere PCs sind mit der MF-Tastatur (MF
für *MultiFunktional*) ausgerüstet, bei der die Tasten mit deutschen Abkürzungen beschriftet sind. Wichtige Abkürzungen sind:

- Strg   für Steuerung (ersetzt Ctrl, Control)
- Alt   für Alternativ
- Einfg   für Einfügen (ersetzt Ins, Insert)
- Entf   für Entfernen (ersetzt Del, Delete)
- Pos1   für Position 1 am Bildschirm links
                  oben (ersetzt Home)
- Bild   für Bildschirm nach oben bzw. unten

Tastatur "Deutschland MF"

Tastaturen "Deutschland AT" und "Deutschland XT": Mit diesen Tastaturen werden bestimmte Computertypen bezeichnet (AT für *Advanced
Technology*, XT für *eXTended*); die Tasten können dabei englisch wie
auch deutsch beschriftet sein. Wichtige Abkürzungen umseitig:

- Lösch	für Löschen (ersetzt Del, Delete)
- Abbr	für Abbrechen (ersetzt Esc, Escape)
- Groß	für Großschreibung (ersetzt Shift)
- Ctrl	für Control
- PrtSc	für Print Screen (drucke Bildschirm)

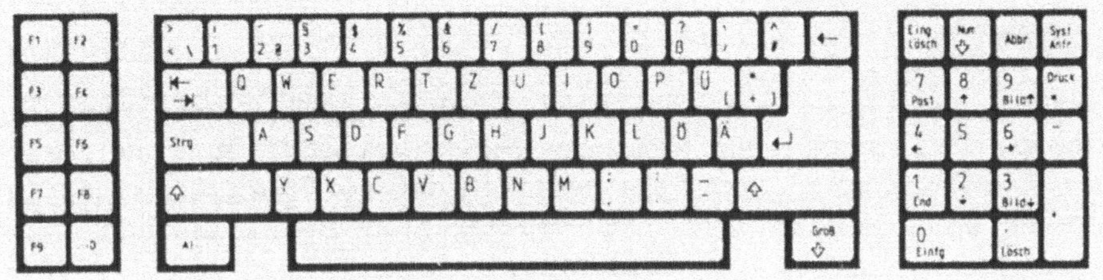

Tastatur "Deutschland AT"

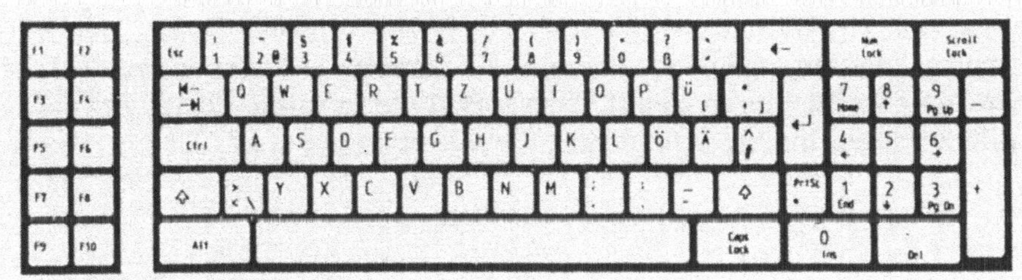

Tastatur "Deutschland XT"

Bildschirmausgabe abbrechen durch Strg-C: Durch Eingabe von

```
Strg-C   oder   Strg-Ende   oder   Ctrl-End
```

(Strg-Taste drücken, kurz "C" oder "c" tippen und beide Tasten loslassen)
wird der gerade in Ausführung befindliche MS-DOS-Befehl abgebrochen.
Beispiel zum DIR-Befehl: Nach Eingabe von Strg-C wird die Ausgabe des
gerade zur Hälfte angezeigten Inhaltsverzeichnisses abgebrochen. Am
Bildschirm erscheint wieder das MS-DOS-Prompt.

Bildschirmausgabe stoppen und starten mit Strg-S: Ist das Directory län-
ger als der Bildschirm, verschwindet der Text nach oben. Mittels

```
Strg-S   oder   Strg-Num   oder   Ctrl-S
```

stoppen Sie dieses "Nach-oben-Abrollen". Die nochmalige Eingabe von Strg-S läßt die unterbrochene Befehlsausführung fortsetzen. Strg-S wirkt somit wie ein Stop-/Start-Schalter.

Bildschirminhalt ausdrucken mit Groß-Druck: Mit der Eingabe von

```
Groß-Druck
```

(Groß-Taste zur Großschreibung gedrückt halten und kurz die Druck-Taste tippen) wird der aktuelle Inhalt des Bildschirm Zeile für Zeile ausgedruckt. Die Bezeichnung *Hardcopy* bedeutet, daß der Bildschirminhalt auf das Druckpapier kopiert wird. Der Drucker muß zuvor natürlich angeschaltet worden sein ("on line"-Stellung am Drucker).

Bildschirmausgabe auf dem Drucker protokollieren mit Strg-Druck: Diese Tastenkombination wirkt wieder wie ein Ein-/Ausschalter: Nach dem Drücken von Strg-Druck wird der Drucker zur Protokollierung der Bildschirmausgaben zugeschaltet; alle am Bildschirm erscheinenden Zeichen werden gleichzeitig ausgedruckt. Diese Protokollierungs- bzw. *Echofunktion* gilt so lange, bis Sie erneut Strg-Druck betätigen.

Warmstart durchführen mit Strg-Alt-Entf: Kann MS-DOS - aus welchem Grunde auch immer - nicht mehr ordnungsgemäß weiterarbeiten, bleibt häufig nichts anderes übrig, als das System neu zu starten. Durch

```
Strg-Alt-Entf
```

erzeugen Sie einen *Warmstart* und MS-DOS wird neu gebootet. Dazu werden Sie ggf. aufgefordert, die Systemdiskette ins aktive Laufwerk einzulegen.
Der *Kaltstart* wurde in Abschnitt 2.1 besprochen; dabei wird der PC aus- und wieder eingeschaltet.

Eingegebene Befehlszeile zurücknehmen mit der Esc-Taste: Nach dem Drücken der Esc-Taste (Esc für Escape bzw. Entkommen) erscheint das Zeichen "\". Betätigen Sie nun die Return-Taste, verschwindet die Textzeile.

Eingegebene Befehlszeile abschließen mit Return-Taste: Jeder von Ihnen eingetippte Befehl wird erst dann von MS-DOS ausgeführt, wenn am Zei-

lenende die Return-Taste (auch als Eingabe- bzw. Enter-Taste bezeichnet) gedrückt wurde. Mit der Return-Taste quittieren Sie Ihre Befehlseingabe. Die Return-Taste stellt das Gegenstück zur Esc-Taste dar.

Deutsche Tastaturen:	Englische Tastatur:
Abbr (Abbruch)	Break
Alt	Alt (Alternate)
Bild hoch	PgUp (Page Up)
Bild runter	PgDn (Page down)
Einfg (Einfügen)	Ins (Insert)
Ende	End
Esc (Escape)	Esc
Druck	PrtSc (Print Screen)
Entf, Lösch	Del (Delete)
Num (Numerisch)	Num
Pos1 (Position 1)	Home
Strg (Steuerung)	Ctrl (Control)
Return	Return (Neuer Zeilenanfang)
Groß, Umschalt	Shift (Großschreibung)

MS-DOS-Funktionstasten bei deutscher und englischer Tastatur

2.4 Dateien auf Platte kopieren mit COPY

Aufgaben des Befehls COPY: Mit dem Befehl COPY können Sie eine einzelne Datei (z.B. BRIEF1.TXT), eine Gruppe von Dateien (z.B. alle Datei-
en mit dem dem Dateityp TXT) oder sämtliche Dateien kopieren. Dabei
wird zwischen Disketten und/oder Festplatten kopiert. Darüberhinaus
kann man mit COPY auch Dateien zusammenfügen, an Ausgabegeräte
übertragen bzw. von Eingabegeräten empfangen.

Format zum Aufrufen des Befehls COPY: Der Befehl erwartet, daß Sie
zwei Plattenspeicher angeben:
- *Die Quellenplatte*, d.h. die Diskette oder Festplatte, auf der sich
  die zu kopierende(n) Datei(en) befinden(t).
- *Die Zielplatte*, d.h. die Diskette oder Festplatte, auf die die Da-
  tei(en) kopiert werden soll(en).

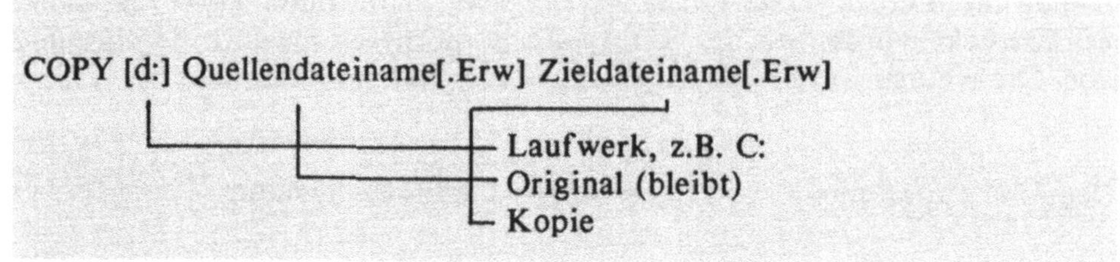

Format des Befehls COPY

Einzelne Dateien von Diskette auf Festplatte kopieren und umgekehrt:
Das Dialogbeispiel zeigt, wie einzelne Dateien kopiert werden:

a) Kopieren vom aktiven Laufwerk heraus: Übertrage die Datei
BRIEF1.TXT von der in Laufwerk A: einliegenden Diskette auf
die Festplatte C: und speichere sie dort unter dem gleichen Namen
ab. Der Dateityp TXT kennzeichnet z.B. eine Word-Textdatei.
b) Bei unverändertem Dateinamen kann die Angabe des Zieldateina-
mens auch entfallen. Befehlswirkung wie a).
c) Die Bezeichnung des aktiven Laufwerks (hier A: als Quellenlaufwerk) kann weggelassen werden. Befehlswirkung wie a).
d) Bei fehlender Quellendatei gibt MS-DOS eine Fehlermeldung aus.

```
A>copy a:brief1.txt c:brief1.txt                       a)
      1 Datei(en) kopiert
A>copy a:brief2.txt c:                                  b)
      1 Datei(en) kopiert

A>copy brief2.txt c:                                    c)
      1 Datei(en) kopiert
A>copy brief6.txt c:                                    d)
A:BRIEF6.TXT nicht gefunden
      0 Datei(en) kopiert

A>copy c:kunden13.dbf a:                                e)
       1 Datei(en) kopiert
   A>copy c:kunden14.dbf                                f)
       1 Datei(en) kopiert

   A>copy c:kunden15.dbf                                g)
   Nicht genug Platz auf Dskt./Platte
       0 Datei(en) kopiert
```

e) Kopieren ins aktive Laufwerk: Die Datei KUNDEN13.DBF (Dateityp DBF z.B. für eine dBASE-Datenbankdatei) wird auf der Festplatte C: gesucht und ins Laufwerk A: kopiert.

f) Die Bezeichnung des aktiven Laufwerks (hier Ziellaufwerk A:) kann entfallen.

g) Der freie Speicherplatz im Ziellaufwerk A: ist zu klein für die Datei KUNDEN15.TXT.

Zwei Möglichkeiten der Speicherung der Zieldatei: Beim Kopieren ist zu beachten, daß MS-DOS gegebenenfalls gleichnamige Dateien überschreibt bzw. löscht:

- Wird im Ziellaufwerk eine Datei gleichen Namens gefunden, dann wird sie durch die kopierte Datei überschrieben, d.h. gelöscht. Dabei ist es gleichgültig, ob diese kleiner oder größer als die kopierte Datei war.

- Ist der Name der zu kopierenden Datei im Ziellaufwerk noch nicht vorhanden, dann wird er durch MS-DOS ins Inhaltsverzeichnis zusätzlich eingetragen.

Dateien beim Kopieren umbenennen: Soll die Zieldatei unter einem anderen Namen als die Quellendatei abgelegt werden, so ist dieser bei COPY anzugeben. Der folgende Befehl z.B. kopiert den Inhalt der Datei KUNDEN13.DBF unter dem Namen KD13SICH.DBF auf Diskette A:.

```
A>copy c:kunden13.dbf a:kd13such.dbf
        1 Datei(en) kopiert
```

Dateigruppen kopieren: Wie beim Befehl DIR können Sie auch bei COPY die Jokerzeichen "*" (Zeichenkette) bzw. "?" (Einzelzeichen) angeben. Dadurch werden mit einem COPY-Befehl mehrere Dateien übertragen. Das Dialogbeispiel zeigt drei Beispiele:

a) Alle Dateien mit dem Dateityp TXT von einer Diskette auf die Festplatte C: kopieren. Genauer: Die Dateien werden ins aktive Verzeichnis der Festplatte kopiert (näheres in Abschnitt 4).

b) Alle Dateien mit acht Zeichen langem und mit KUNDEN beginnenden Dateinamen von der Festplatte auf die Diskette kopieren.

c) Alle auf Diskette in A: gespeicherten Dateien nach C: kopieren.

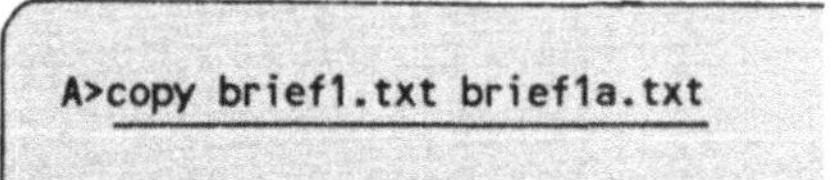

```
A>copy a:*.txt c:                                       a)
      7 Datei(en) kopiert
A>copy c:kunden??.* a:                                  b)
      9 Datei(en) kopiert
A>copy a:*.* c:                                          c)
```

Kopieren auf derselben Platte: Ziel- und Quellenlaufwerk können identisch sein. So wird durch den Befehl

```
A>copy brief1.txt brief1a.txt
```

eine Kopie von BRIEF1.TXT unter dem Namen BRIEF1A.TXT zusätzlich
auf die Diskette A: abgelegt.

Kopieren zwischen Disketten bei nur einem Diskettenlaufwerk: Um die
Datei BRIEF1.TXT von einer Diskette auf eine andere Diskette zu kopieren, gehen Sie wie folgt vor:

1. Quellendiskette ins aktive Laufwerk A: einlegen.
2. Befehl COPY A:BRIEF1.TXT B: eintippen. MS-DOS lädt nun die
   Datei BRIEF1.TXT von Diskette A: in den RAM (Hauptspeicher)
   und fordert Sie zum Diskettenwechsel auf:

```
Diskette in Laufwerk B: einlegen,
anschließend eine Taste betätigen
```

3. Quellendiskette aus dem Laufwerk A: entnehmen und die Zieldiskette ins gleiche Laufwerk einlegen. Dann eine beliebige Taste
   drükken.
4. MS-DOS kopiert die Datei BRIEF1.TXT jetzt vom RAM auf die
   Zieldiskette und meldet folgendes:

```
      1 Datei(en) kopiert
A>
```

Das eine (physische) Diskettenlaufwerk wird somit von MS-DOS mit den
verschiedenen (logischen) Namen A: und B: bezeichnet.
Kopieren Sie eine Dateigruppe, die nicht in den RAM paßt, dann gibt
MS-DOS mehrmals die Auffordernúng zum Diskettenwechsel aus.

Befehlszusatz /v zum COPY-Befehl: "v" steht für "verify". MS-DOS überprüft jede Zieldatei auf mögliche, während des Kopierens auftretende
Aufzeichnungsfehler. Mit dem folgenden Befehl werden sieben Dateien
geprüft kopiert:

```
A>c:auftrag?.* a: /v
    7 Datei(en) kopiert
```

2.5 Dateien auf Platte umbenennen mit RENAME

Mit dem Befehl RENAME können Sie eine einzelne Datei oder eine Dateigruppe auf Diskette oder Festplatte umbenennen. MS-DOS trägt im
entsprechenden Inhaltsverzeichnis dann den neuen Namen ein. Anstelle
von RENAME kann man auch das verkürzte Befehlswort REN eingeben.

Format zum Aufrufen des Befehls RENAME: Zuerst erwartet MS-DOS
den alten Dateinamen und dann den neuen Dateinamen. Ein Umbenennen
und gleichzeitiges Kopieren zwischen verschiedenen Laufwerken ist mit
RENAME nicht möglich.

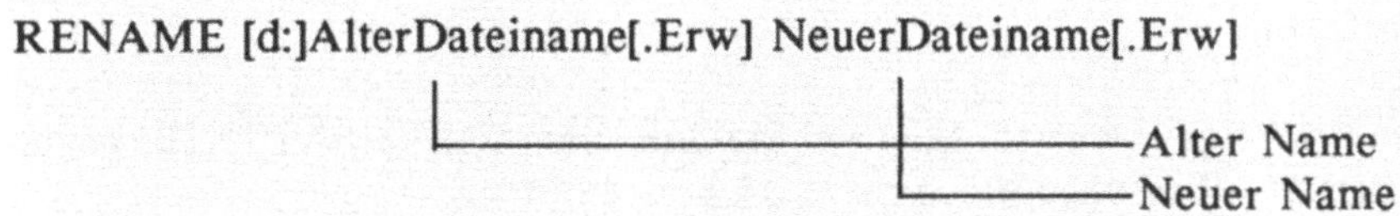

Format zum Aufrufen des Befehls RENAME

Beispiel zum Befehl RENAME: Einzelne Dateien bzw. Dateigruppen sollen umbenannt werden.

  a) Die Datei BRIEF2.DAT im aktiven Laufwerk wird in
     BRIEF2XX.DAT umbenannt. Der Dateiname ändert sich, nicht
     aber der Dateiinhalt.
  b) Alle Dateien mit dem Dateityp DAT werden in TXT-Dateien um-
     benannt. Der Dateiname bleibt, nur der Dateityp ändert sich; aus
     der Datei BESTELL1.DAT wird die Datei BESTELL1.TXT.

c) Den Versuch, die Dateien in Laufwerk B: beim Umbenennen ins
   Laufwerk A: zu kopieren, weist MS-DOS mit einer Fehlermeldung
   ab. RENAME benennt nur im gleichen Laufwerk um: alle Dateien
   erhalten - unabhängig vom bisherigen Dateityp - den neuen Dateityp DOC.

```
A>rename brief2.txt brief2xx.txt                         a)
A>rename b:*.dat *.txt                                   b)

A>rename b:*.* a:*.doc                                   c)
Ungültiger Parameter
A>rename b:*.* b:*.doc
```

2.6 Dateien von der Platte entfernen mit ERASE

Aufgaben des Befehls ERASE: Mit dem Befehl ERASE können Sie eine
oder mehrere Dateien von Diskette bzw. Festplatte entfernen, d.h.
löschen. ERASE übernimmt dabei stets zwei Aufgaben:

1. Die betreffende Datei(en) werden von der Platte entfernt. Der
   freie Speicherplatz erhöht sich dadurch.
2. Die betreffenden Dateinamen werden aus dem Inhaltsverzeichnis
   entfernt.

Besonders wichtige Dateien können Sie mit dem Befehl ATTRIB gegen
versehentliches Überschreiben bzw. Löschen schützen.

Format zum Aufrufen des Befehls ERASE: Die Jokerzeichen "*" und "?"
sind erlaubt. Anstelle von ERASE kann man auch das verkürzte Befehlswort DEL eingeben.

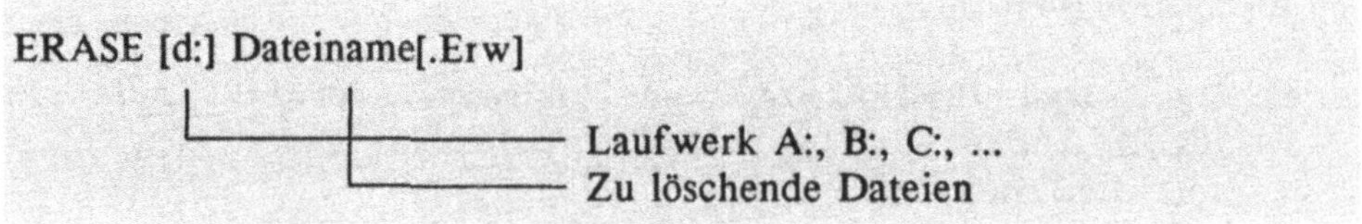

Format des Befehls ERASE zum Dateilöschen

Beispiel zum Befehl ERASE:
a) Die Datei BRIEF1.TXT wird auf der Diskette im aktiven Laufwerk A: gelöscht. Wie das Beispiel zeigt, quittiert MS-DOS das erfolgreiche Löschen nicht. Zur Kontrolle gibt man anschließend DIR ein.
b) MS-DOS meldet, wenn kein Löschen möglich ist.
c) Beim Versuch, sämtliche Dateien zu löschen, fragt MS-DOS nach. Nur bei Eingabe von "j" bzw. "J" wird der gesamte Disketteninhalt gelöscht.

```
A>erase brief1.txt                                         a)


A>erase brief99.txt                                        b)
Datei nicht gefunden


A>erase a:*.*                                              c)
Sind Sie sicher (J/N)j
A>
```

2.7 Inhalt einer Datei anzeigen lassen mit TYPE

Aufgabe des Befehls TYPE: Unter den auf Platte gespeicherten Dateien gibt es solche, die in Form von Zeichen bzw. Text abgelegt sind, d.h. in einer vom Menschen lesbaren Form. Diese Dateien kann man sich mit dem Befehl TYPE auf dem Bildschirm anzeigen lassen. Zu unterscheiden sind dabei zwei Dateiarten:
- *Texte*, wie z.B. ein mit dem Textverarbeitungsprogramm Word erstelltes Mahnschreiben.
- *Anweisungen und Befehle von Programmen*, die noch nicht in Maschinensprache übersetzt sind. Beispiel: Quelltext eines Programme, das in Pascal (Programmiersprache) oder in dBASE (Software-Tool) geschrieben worden ist.

Beide Dateiarten sind ASCII-Dateien, deren Zeichen im ASCII- codiert sind (ASCII für American Standard Code für Information Interchange; weit verbreiteter Code zur computerverständlichen Verschlüsselung von Zeichen, ASCII sprich "aski").

Wollen Sie mit dem TYPE-Befehl bereits in Maschinensprache übersetzte Programme auf den Bildschirm bringen, dann erhalten Sie zumeist eine vollkommen unleserliche Ausgabe.

Format zum Aufrufen des Befehls TYPE: Die Jokerzeichen "*" und "?"
sind hier nicht zulässig. Falls ein Dateityp existiert, muß dieser angegeben
werden. Mit TYPE lassen sich nur Textdateien ausgeben.

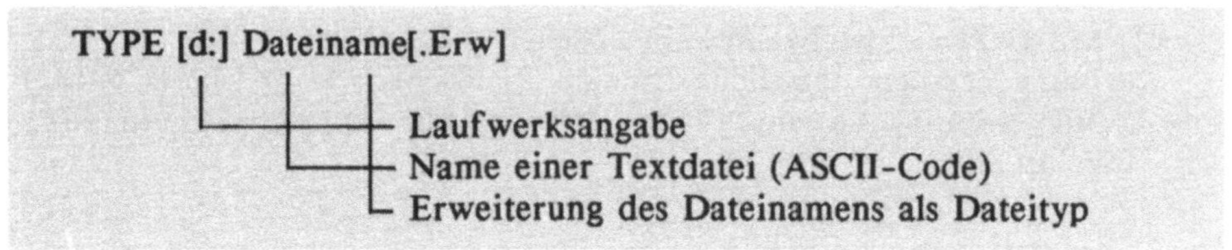

Format zum Aufrufen des Befehls TYPE

Beispiele zum Befehl TYPE:
- Soll ein in BasicA bzw. GwBasic geschriebenes Programm mit
  TYPE angezeigt werden, muß es zuvor (im BASIC-SYSTEM) mit
  dem Befehl *SAVE "Dateiname",A* abgespeichert worden sein (A für
  ASCII-Code).
- Bei der Ausgabe eines mit einem Textverarbeitungsprogramm wie
  WordStar oder Word erstellten Textes erhalten Sie ggf. unleserliche
  (Formatierungs-)Zeichen. Die Textdatei muß dann zuerst unfor-
  matiert abgespeichert werden.
- Die Ausgabe längerer Texte halten Sie mit Strg-S bzw. Strg-Num
  (Ctrl-S bzw. Ctrl-Num Lock) an, um sie in Ruhe lesen zu können.
- Dateityp bei TYPE angeben: Ein unter dBASE mit RECHNUNG
  eingegebenes Programm wird mit TYPE RECHNUNG.PRG ange-
  zeigt. Ein unter Word mit AUFTRAG3 editiertes Auftragsschrei-
  ben wird unter MS-DOS mit TYPE AUFTRAG3.TXT angezeigt.

Dateiinhalt ausdrucken lassen: Schalten Sie vor TYPE mit den Tasten
Strg-Druck (Ctrl-PrtSc) den Drucker an, wird die Ausgabe von TYPE an
den Drucker geleitet.

a) Drucker zuschalten (Echo- bzw. Protokollierfunktion an).
b) Inhalt der Textdatei AUFTRAG3.TXT wird am Bildschirm ange-
    zeigt (hier nicht wiedergegeben).
c) Echofunktion des Druckers wieder ausschalten.

```
A>Strg-Druck                                              a)
   type auftrag3.txt                                      b)
Auftrag vom 4.11.1988

Sehr geehrte Damen und Herren,

.....
A>Strg-Druck                                              c)
```

2.8 Zusammenfassung

In Abschnitt 2 haben Sie die grundlegenden internen Befehle kennengelernt, die MS-DOS dem Benutzer eines PCs bereitstellt. Sie haben erfahren, wie man Dateien als Speichereinheiten auf Platte (Diskette bzw.
Festplatte) über interne Befehle bearbeitet. Sie können jetzt:

-    Interne und externe Befehle von MS-DOS unterscheiden.
-    Interne Befehle einsetzen.
-    Das Inhaltsverzeichnis einer Platte anzeigen lassen.
-    Dateien nach Name, Dateityp und Größe voneinander abgrenzen.
-    Das aktive Laufwerk wechseln.
-    Besondere Tastenkombinationen bei der Befehlseingabe einsetzen.
-    Dateien auf Platte kopieren.
-    Dateien auf Platte umbenennen.
-    Dateien von der Platte entfernen.
-    Den Inhalt einer Datei am Bildschirm anzeigen lassen.
-    Den Inhalt einer Datei ausdrucken lassen.

2.9 MS-DOS-Übungen

Im Lernprogramm werden die Übungen zum vorliegenden Buchabschnitt
2 in der gleichnamigen Lektion

> **2 Wichtige interne Befehle**

bereitgestellt. Starten Sie dazu das Lernprogramm mit der Eingabe von
LPDOS und wählen Sie aus dem Lektionsverzeichnis die Lektion 2 aus.

Interaktiv-Schulung MS-DOS

Kapitel II

Grundlagenkurs MS-DOS

3.1 Platte formatieren mit FORMAT

Aufgaben des Befehls FORMAT: Neu und leer gekaufte Disketten und Festplatten können nicht sofort benutzt werden. Sie müssen zuerst in eine dem Betriebssystem MS-DOS gemäße Form gebracht werden. Diesen Vorgang bezeichnet man als Formatieren. Der Befehl FORMAT übernimmt das Formatieren. Dabei ist folgendes zu beachten:
- Während des Formatierens werden - falls vorhanden - alle Daten der Diskette oder Festplatte unwiderruflich gelöscht. Wenden Sie den FORMAT-Befehl stets mit Vorsicht an.
- Vor dem Formatieren der Festplatte sollten Sie den Abschnitt 7 zur Festplattenorganisation gelesen haben.
- FORMAT ist ein externer Befehl, da er ein gleichnamiges Systemprogramm von MS-DOS aufruft. Zum Zeitpunkt der Befehlseingabe muß MS-DOS deshalb im aktiven Laufwerk verfügbar sein.

FORMAT [d:] [/S] [/V] [/1] [/8] [/B] [/4]

    d: Laufwerk A:, B:, C:, ..., das formatiert werden soll
    /S   Betriebssystemdateien übertragen
    /V   Name für die Diskette bzw. Festplatte eintragen
    /1   Nur eine Diskettenseite wird formatiert
    /8   Nur 8 anstelle von 9 Sektoren je Spur einrichten
    /B   Platz freihalten zum Speichern von MS-DOS (SYS-Befehl)
    /4   360-KB-Diskette in Laufwerk mit hoher Kapazität

Format zum Aufrufen des Befehls FORMAT

Formatieren einer Diskette bei einem Diskettenlaufwerk: Das folgende Dialogbeispiel zeigt, wie eine neue Diskette formatiert werden kann, wenn nur ein Diskettenlaufwerk verfügbar ist.

a) Systemdiskette in Laufwerk A: einlegen und FORMAT aufrufen. Aus Sicherheitsgründen stets B: angeben (d.h. von A: zum logischen Dateinamen B: wechseln).
b) Systemdiskette entnehmen und leere bzw. zu formatierende Diskette einlegen. Taste drücken
c) MS-DOS formatiert und meldet die gerade formatierten Nummern von Schreib-/Lesekopf (z.B. 0 - 1) und Zylinder (z.B. 0 - 39).
d) Diese Meldung erscheint nur, wenn der Parameter /S angegeben wurde: Die Systemdateien IO.SYS, MSDOS.SYS (bei IBM-PC IBM-BIO.SYS, IBMDOS.COM) und COMMAND.COM wurden auf die

Diskette übertragen, damit diese später als Bootdiskette verwendet werden kann. Formatieren Sie eine nicht bootfähige Anwender- bzw. Datendiskette, dann geben Sie FORMAT B:/V anstelle von FORMAT B:/S/V an.

e) Da der Parameter /V angegeben wurde, kann auf die Diskette der Datenträgername RECHNUNGEN1 eingetragen werden. Dieser Name wird bei jedem späteren Aufruf des Befehls DIR angezeigt. Diese Anzeige ist sicher informativ.

f) Hier werden ggf. fehlerhafte Sektoren angegeben.

g) Die Meldung erscheint aufgrund Parameter /S.

h) Bei Eingabe von "j" könnte man weitere Disketten formatieren.

```
A>format b: /s /v                                          a)
Neue Diskette in Laufwerk B: einlegen,                     b)
anschließend die Eingabetaste betätigen


Kopf: 0   Zylinder: 0                                       c)
Formatieren beendet
Systemdateien übertragen                                    d)


Name (max. 11 Zeichen) oder Eingabetaste                   e)
RECHNUNGEN1
362496 Byte Gesamtspeicherbereich                          f)
 79872 Byte vom System verwendet                           g)
282624 Byte auf Diskette/Platte verfügbar


Weitere Dskt./Platte formatieren (J/N)? n                  h)
A>
```

Formatieren einer Diskette bei zwei Diskettenlaufwerken: Der Ablauf des Formatierens vereinfacht sich insofern, als sich der Diskettenwechsel erübrigt: Systemdiskette in Laufwerk A:, die zu formatierende Diskette in Laufwerk B: einlegen und z.B. FORMAT B:/V eintippen.

Formatieren einer Diskette von der Festplatte aus: Aktivieren Sie das Verzeichnis (siehe Abschnitt 4), in der der Befehl FORMAT abgelegt ist, und geben Sie dann den Befehl FORMAT B:/V ein. Die in Laufwerk B: einliegende Diskette wird nun formatiert.

Formatieren der Festplatte: Die Festplatte ist von Ihrem Händler bzw. Hersteller sicher bereits physisch formatiert worden. Beim späteren Formatieren werden lediglich alle Eintragungen gelöscht und alle Bereiche überprüft; es wird nicht nochmals physisch formatiert. Wie das folgende Dialogbeispiel zeigt, warnt Sie MS-DOS, wenn Sie die Festplatte formatieren wollen. Durch Eingabe von "n" können Sie das formatieren verhindern

```
A>format c:
ACHTUNG! Alle Daten auf der
Festplatte C: werden gelöscht!
Formatieren durchführen (J/N)? n
A>
```

3.2   System nachträglich auf Platte übertragen mit SYS

Angenommen, Sie arbeiten mit dem Betriebssystem MS-DOS in der Version 3.0, wobei das System auf der Festplatte C: untergebracht ist. Sie möchten nun nachträglich MS-DOS in der Version 3.3 auf die Festplatte abspeichern. Mit dem Befehl SYS können Sie MS-DOS übertragen. Das Dialogbeispiel zeigt folgendes Vorgehen:

a) Neue Systemdiskette mit MS-DOS 3.3 ins aktive Laufwerk A einlegen.

b) SYS C: überträgt MS-DOS 3.3 von der Systemdiskette in A: auf die Festplatte. Genauer: Die unsichtbaren Systemdateien IO.SYS und MSDOS.SYS (bei IBM heißen sie IBMBIO.SYS und IBMDOS.COM) werden auf die ersten freien Spuren der Festplatte kopiert.

c) COPY COMMAND.COM C: überträgt den neuen Befehlsprozessor auf die Festplatte.

d) Andere externe Befehle (wie COUNTRY.COM, KEYB.COM, KEYBOARD.SYS) müssen auch noch von A: nach C: kopiert werden. Näheres in Abschnitt 7.

```
A>                                                  a)
A>sys c:                                             b)
Systemdateien übertragen
A>copy command.com c:                                c)
A>copy keyb.com c:                                   d)
A>copy keyboard.sys c:
```

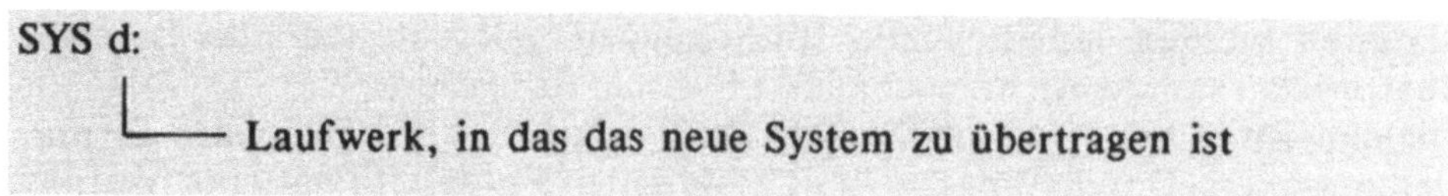

Format zum Aufrufen von Befehl SYS

Speicherung des Betriebssystems auf Diskette: MS-DOS belegt Speicherplatz auf der Diskette. Das folgende Modell zeigt, daß zum Beispiel zwei
Spuren belegt durch das Betriebssystem sein können.

Diskette ohne SYStem:
5.25"-Diskette mit 40 Spuren
und 9 Sektoren je Spur bei
einer Speicherkapazität von
360 KByte:

Diskette mit SYStem:
5.25"-Diskette nach dem
Übertragen von MS-DOS
auf die Spuren 0 und 1:

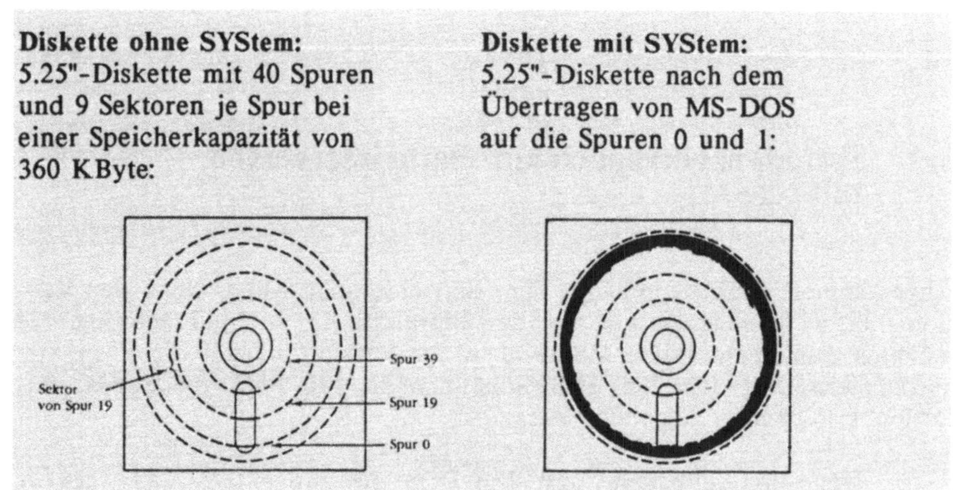

Diskette mit Einteilung in Spuren und Sektoren

3.3 Diskette kopieren mit DISKCOPY

Aufgaben des Befehls DISKCOPY: Mit dem Befehl COPY können Sie
einzelne Dateien von einer auf eine andere Diskette kopieren; dabei wird
Datei für Datei übertragen. Mit dem Befehl DISKCOPY hingegen können
Sie den gesamten Inhalt einer Diskette auf eine andere Diskette kopieren;
dabei wird Spur für Spur übertragen.
- DISKCOPY überträgt den Inhalt der Quellendiskette auf eine Zieldiskette.
- Sind auf der Zieldiskette bereits Daten abgelegt, werden sie gelöscht bzw. überschrieben.
- Findet DISKCOPY eine unformatierte Zieldiskette, wird diese formatiert.

Format zum Aufrufen des Befehls DISKCOPY: Der Befehlsaufruf von DISKCOPY geschieht in der Form "Kopiere von - nach". Versehen Sie Ihre wertvolle Quellendiskette mit einem Schreibschutzaufkleber; so verhindern Sie ein versehentliches Löschen bei falsch eingelegten Disketten.

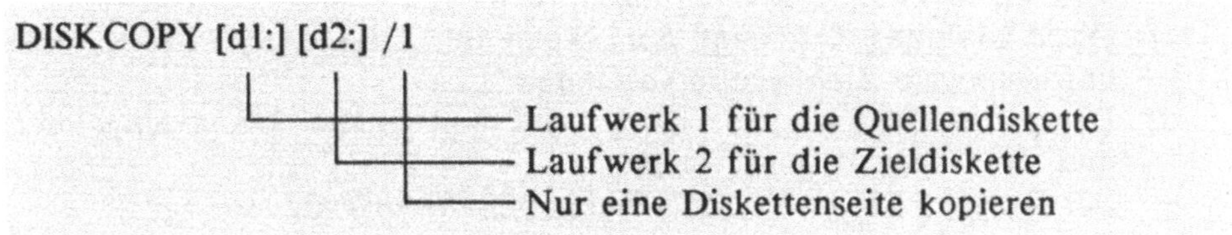

Format des DISKCOPY-Befehls

Zwei Disketten bei nur einem Diskettenlaufwerk kopieren. Das Dialogbeispiel zeigt folgendes Vorgehen:

a) Systemdiskette in Laufwerk A: einlegen und DISKCOPY A: B: als externen Befehl von der Diskette aufrufen.
b) Ihre zu kopierende Quellendiskette in Laufwerk A: einlegen und eine Taste drücken.
c) Der Inhalt dieser Diskette wird nun in den RAM eingelesen.
d) Quellendiskette entnehmen und die Zieldiskette ins Laufwerk einlegen. Eine Taste drücken. Der im RAM zwischengespeicherte Inhalt der Quellendiskette wird nun auf die Zieldiskette übertragen.
e) Je nach Speicherumfang von Quellendiskette bzw. Speichergröße des RAM werden Sie ggf. mehrmals zum Wechseln von Quellen- und Zieldiskette aufgefordert.

```
A>diskcopy a: b:                                            a)

Quellendiskette in Laufwerk A: einlegen                     b)
Anschließend eine Taste betätigen ... _
Kopiert werden 40 Spuren                                    c)
9 Sektoren/Spur, 2 Seite(n)
Zieldiskette in Laufwerk A: einlegen                        d)
Anschließend eine Taste betätigen ... _


Eine weitere Kopie erstellen (J/N)?n_                       e)
A>
```

Zwei Disketten bei zwei Diskettenlaufwerken kopieren: Das Dialogprotokoll zeigt die fünf Schritte a) bis e).

a) Systemdiskette in Laufwerk A: einlegen und DISKCOPY A: B: als externen Befehl von der Diskette aufrufen.

b) Ihre zu kopierende Quellendiskette in Laufwerk A: und die Zieldiskette in Laufwerk B: einlegen; dann und eine Taste drücken.

c) Diese Meldung erscheint nur, wenn der DISKCOPY-Befehl eine unformatierte Zieldiskette vorfindet.

d) Der Inhalt des Originals in A: wird nun in den RAM eingelesen und dann nach B: geschrieben.

e) Bei Bedarf können Sie Mehrfachkopie(en) anfertigen.

```
A>diskcopy a: b:                                       a)


Quellendiskette in Laufwerk A: einlegen                b)
Zieldiskette in Laufwerk B: einlegen
Anschließend eine Taste betätigen ... __


Formatieren während Kopieren                           c)
Kopiert werden 40 Spuren                               d)
9 Sektoren/Spur, 2 Seite(n)


Eine weitere Kopie erstellen (J/N)?n_                  e)
A >
```

Sind MS-DOS und damit auch der DISKCOPY-Befehl auf der Festplatte untergebracht, können Sie den Befehl wie folgt aufrufen:

Einige Fehlermeldungen beim Befehl DISKCOPY: Wie das Dialogbeispiel mit den Schritten a) bis e) zeigt, kann der Kopiervorgang abgebrochen oder aber nur unterbrochen werden.

a) Kopieren mit anderer Zieldiskette nochmals vornehmen.
b) Den Schreibschutz von der Zieldiskette entfernen.
c) Lesefehler. Diskette stammt von einem nicht-kompatiblen Laufwerk. Kontrollieren Sie mit DIR bzw. TYPE.
d) Abbruch, da Diskette unbrauchbar ist. Diskette austauschen.
e) Mit DISKCOPY kann nicht von Diskette auf Festplatte übertragen werden.

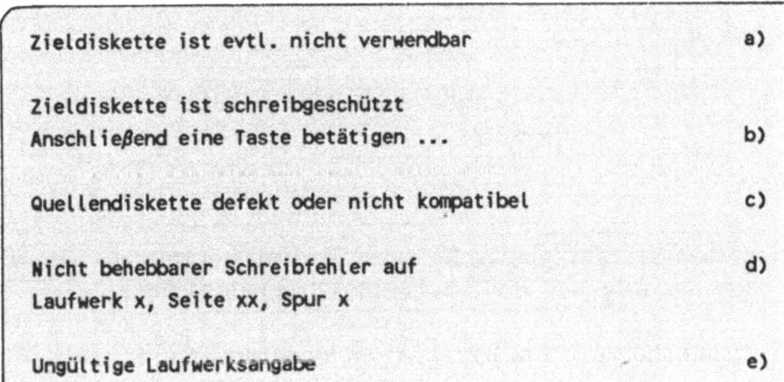

```
Zieldiskette ist evtl. nicht verwendbar                    a)


Zieldiskette ist schreibgeschützt
Anschließend eine Taste betätigen ...                      b)


Quellendiskette defekt oder nicht kompatibel               c)


Nicht behebbarer Schreibfehler auf                         d)
Laufwerk x, Seite xx, Spur x


Ungültige Laufwerksangabe                                  e)
```

3.4 Disketten vergleichen mit DISKCOMP

Aufgaben des Befehls DISKCOMP: Mit diesem Befehl können Sie Ihre Diskettenkopie mit dem Original vergleichen und fehlerhaft kopierte Disketten feststellen. Sie sollten den Befehl DISKCOMP nach dem Kopieren mit DISKCOPY insbesondere dann anwenden, wenn Sie wertvolle Programme bzw. Daten kopiert haben. DISKCOMP vergleicht die Originaldiskette Spur für Spur mit der Zieldiskette und kann zum Beispiel folgende Fehler feststellen:

- Die Disketten haben tatsächlich einen verschiedenen Inhalt.
- Der Kopierschutz der Originaldiskette konnte nicht auf die Kopie übertragen werden.
- Beide Disketten haben zwar den gleichen Inhalt, jedoch eine abweichende Einteilung bzw. Speicherungsfolge der Dateien. Grund:

Auf eine der Dateien wurden mit dem COPY-Befehl Dateien einzeln kopiert.
- Die Zieldiskette weist defekte Spuren bzw. Sektoren auf.
- Während der Kopierens traten Übertragungsfehler auf.
- Sie haben nicht kompatible Disketten verglichen (Beispiel: Vergleich von 3.5"-Disketten mit 720-KByte und 1.44-MByte).

Format zum Aufrufen des Befehls DISKCOMP: Der Befehlsaufruf von DISKCOMP geschieht in der Form "Vergleiche Original mit Kopie" und entspricht somit dem Format des Befehls DISKCOPY.

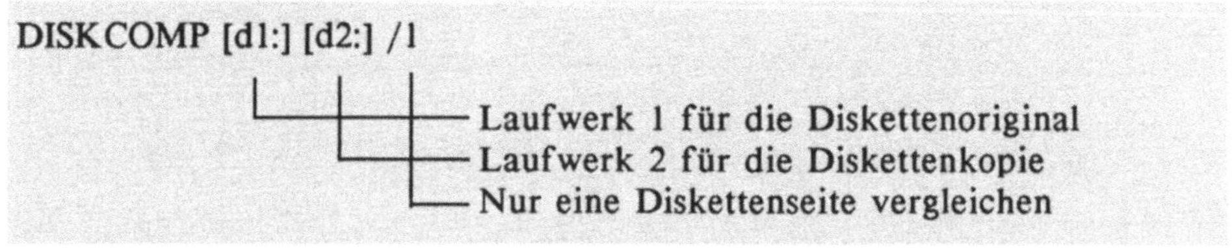

Zwei Disketten bei nur einem Diskettenlaufwerk kopieren. Das Dialogbeispiel zeigt das folgende Fünf-Schritte-Vorgehen a) bis e):

a) Systemdiskette in Laufwerk A: einlegen und DISKCOMP A: B: als externen Befehl von der Diskette aufrufen.
b) Ihre Originaldiskette in Laufwerk A: einlegen. Taste drücken. Der Inhalt dieser Diskette wird nun in den RAM eingelesen.
c) Original entnehmen und die Kopie in das Laufwerk einlegen. Eine Taste drücken. Der im RAM gespeicherte Inhalt des Originals wird nun Spur für Spur mit der Diskettenkopie verglichen.
d) Fehlermeldungen haben zum Beispiel folgendes Aussehen:

```
Vergleichfehler auf Seite 1 Spur 36
oder
Disketten-/Laufwerksart nicht kompatibel
```

e) Bei Eingabe von "j" können Sie einen neuen Diskettenvergleich starten.

```
A>diskcomp a: b:                                           a)

Erste Diskette in Laufwerk A: einlegen                     b)
Anschließend eine Taste betätigen ... __

Zweite Diskette in Laufwerk A: einlegen                    c)
Anschließend eine Taste betätigen ... __

Vergleich OK                                               d)
Weitere Disketten vergleichen (J/N)?n                      e)
A>
```

3.5 Zusammenfassung

In Abschnitt 3 haben Sie erfahren, wie man die grundlegenden externen Befehle FORMAT, SYS, DISKCOPY und DISKCOMP einsetzt. Sie sind jetzt in der Lage:

- Eine Diskette bzw. eine Festplatte zu formatieren.
- Den prinzipiellen Aufbau einer Platte zu beschreiben.
- Das Betriebssystem nachträglich auf eine Platte zu übertragen.
- Eine Diskette komplett zu kopieren.
- Zwei Disketten auf Identität zu vergleichen.

3.6 MS-DOS-Übungen

Zur Vertiefung und Anwendung der im Buchabschnitt 3 erworbenen Kenntnisse werden Ihnen im Lernprogramm Übungen angeboten. Die Übungen finden Sie in der gleichnamigen Lektion

> **3 Wichtige externe Befehle**

Sie finden darin Aufgaben zum Formatieren und Kopieren von Disketten. Starten Sie das Lernprogramm mit LPDOS und wählen Sie dann die Lektion 3 aus.

Interaktiv-Schulung MS-DOS

Kapitel II

Grundlagenkurs MS-DOS

4.1 Modell einer einfachen Verzeichnisstruktur

Der Speicherraum der Diskette bzw. Festplatte ist groß und kann zahlreiche Dateien aufnehmen. Um die Übersicht zu behalten, ist es sinnvoll, den Speicherraum in Verzeichnisse zu unterteilen, wobei jedem Verzeichnis eine Nutzungsart des PCs zugewiesen wird. Die Verzeichnisse der Platte lassen sich mit den Abschnitten eines Buches vergleichen. Eine einfache Verzeichnisstruktur sieht wie folgt aus:

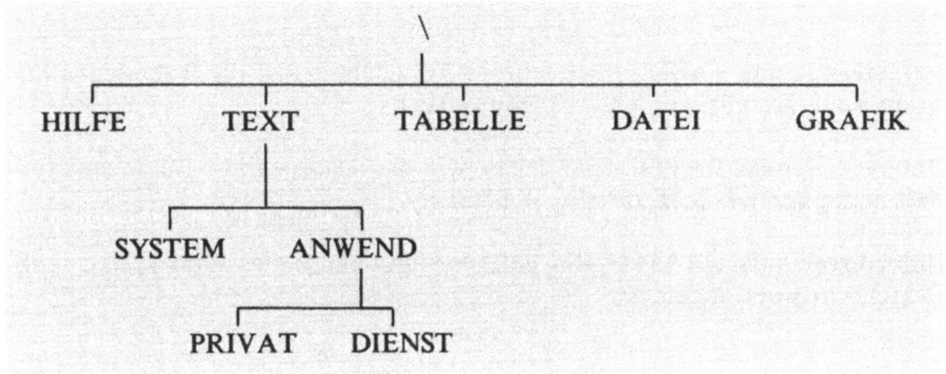

Modell einer Verzeichnisstruktur

Stammverzeichnis "\": Mit dem umgekehrten Schrägstrich (engl. Backslash) wird das Stammverzeichnis bezeichnet; man nennt es auch Hauptverzeichnis. In dieses Verzeichnis werden alle Ihre Dateien eingetragen, wenn Sie keine Unterverzeichnisse einrichten. Beim Formatieren erhält die Platte automatisch ein Stammverzeichnis. Diesem Stammverzeichnis ordnen wir die fünf Unterverzeichnisse HILFE, TEXT, TABELLE, DATEI und GRAFIK unter.

Unterverzeichnis HILFE: In diesem Verzeichnis sollen alle Dateien gespeichert werden, die uns bei der Arbeit mit dem PC helfen. Dazu gehören die Dateien des Betriebssystems, die verfügbaren Utilities (spezielle Dienstprogramme, z.B. zum Kopieren) und unsere Stapeldateien (wir gehen darauf ab Abschnitt 5 ein).

Unterverzeichnis TEXT: Hier legen wir alle Dateien ab, die etwas mit der Textverarbeitung (z.B. Word, WordStar, Word Perfect) zu tun haben. Wie

das Modell zeigt, ist dieses Verzeichnis in weitere Verzeichnisse unterteilt
worden:
- In das Verzeichnis SYSTEM speichern wir die Systemprogramme
  des jeweiligen Textverarbeitungssystems ab, also z.B. auf der(n)
  Word-Systemdiskette(n) gelieferten Dateien.
- Das Verzeichnis ANWEND bezieht sich auf uns als Anwender und
  dient zur Aufnahme unserer eigenen Anwenderlösungen, wie Brie-
  fe, Mahnschreiben, Rechnungen, Berichte usw.
- Um eine klare Übersicht zu behalten, unterteilen wir das Verzeichnis ANWEND weiter in die Verzeichnisse PRIVAT (private
  Korrespondenz) und DIENST (dienstlicher Briefverkehr).

Unterverzeichnis TABELLE: In dieses Verzeichnis soll die Tabellenkalkulation sichergestellt werden (z.B. Multiplan).

Unterverzeichnis DATEI: Hier legen wir das Datei- bzw. Datenbankver-
waltungssystem ab (z.B. dBASE, RBASE).

Unterverzeichnis GRAFIK: Ein ggf. von uns benötigtes Grafikpaket (z.B.
Chart) wird hier abgelegt.

Verzeichnisbaum: Das Stammverzeichnis "\" bezeichnet man auch als Wur-
zel (engl. *Root*). Damit wird angedeutet, daß die Verzeichnisstruktur als
Verzeichnisbaum aufgefaßt werden kann:
- Der Baum steht auf dem Kopf mit der Wurzel nach oben.
- Die Verzeichnisse stellen Verästelungen dar.
- Die am Baum hängenden "Früchte" sind Dateien oder weitere Un-
  terverzeichnisse.
- Ohne Wurzel bzw. Stammverzeichnis kann der Baum nicht leben.

Drei Vorteile von strukturierten Verzeichnissen: Es ist immer von Vorteil,
eine Diskette bzw. Festplatte in Unterverzeichnisse zu gliedern. Folgende
drei Vorteile sind zu nennen:

1. Übersichtlichkeit des Plattenverzeichnisses.
2. Größere Anzahl von Dateien speicherbar (im Stammverzeichnis einer Diskette können nur 112 bzw. 224 Dateinamen eingetragen
   werden).
3. Größere Zugriffsgeschwindigkeit (in einem Unterverzeichnis ist
   eine relativ kleine Anzahl von Dateien gespeichert).

4.2 Unterverzeichnisse einrichten mit MD

Aufgaben des Befehls MD: Mit diesem Befehl kann man ein neues Unterverzeichnis auf Diskette bzw. Festplatte erstellen. MD ist die Abkürzung für das Befehlswort MKDIR (Make Directory). MD prüft, ob der angegebene Verzeichnisname (z.B. TEXT) in der jeweiligen Verzeichnisebene nicht bereits schon vorhanden ist und richtet - falls noch kein Verzeichnis mit dem Namen existiert - das Verzeichnis neu ein.

Format zum Aufrufen des Befehls MD: Hinter dem Befehlswort MD kann man den Laufwerksbuchstaben (z.B. C: für die Festplatte) angeben. Ist dieses Laufwerk bereits aktiv, kann diese Angabe entfallen. Anschließend wird der Pfad angegeben. Der Pfad beschreibt den gesamten Weg vom aktiven bzw. genannten Verzeichnis bis zum neu einzurichtenden Verzeichnis. Aus diesem Grunde bezeichnet man den Pfad auch als Zugriffs-, Verzeichnis- bzw. Suchpfad.

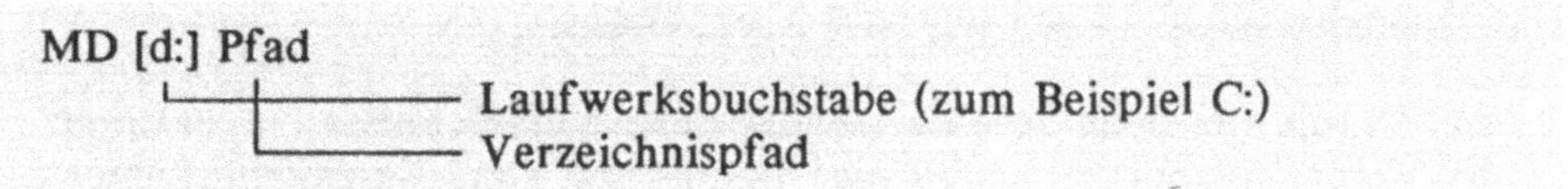

Das Verzeichnis HILFE mit dem Befehl MD neu einrichten. Das Dialogprotokoll zeigt das folgende Drei-Schritte-Vorgehen zum Einrichten des neuen Verzeichnisses HILFE:

a) Mit DIR wird das Inhaltsverzeichnis der Diskette in Laufwerk A: angezeigt. Auf dieser Diskette befindet sich nur die eine Datei COMMAND.COM, jedoch kein Unterverzeichnis. Anmerkung: Der Diskettenname DISK1 wurde zuvor mit dem LABEL-Befehl eingetragen.

b) Durch Eintippen des Befehls
   MD \HILFE
   wird das Verzeichnis HILFE eingetragen. Der Pfad lautet \HILFE; der Backslash "\" ist wichtig und besagt: Richte das neue Verzeichnis namens HILFE als Unterverzeichnis zum Stammverzeichnis namens \ ein.

c) DIR zeigt nun zwei Einträge im Directory: Den Dateinamen COMMAND.COM und den Verzeichnisnamen HILFE.

```
A:\>dir                                                    a)
 Diskette/Platte, Laufwerk A:, hat den
 Namen DISK1
Verzeichnis von A:\
COMMAND  COM     25979  18.03.87  12.00
         1 Datei(en)      282624 Byte frei


A:\>md \hilfe                                              b)


A:\>dir                                                    c)
 Diskette/Platte, Laufwerk A:, hat den
 Namen DISK1
Verzeichnis von A:\
COMMAND  COM     25979  18.03.87  12.00
HILFE         <DIR>         2.01.88   1.11
         2 Datei(en)      281600 Byte frei
```

Die Verzeichnisse TEXT, TABELLE, DATEI und GRAFIK einrichten.
Das Dialogprotokoll zeigt folgendes Vorgehen:

   a) Durch vier MD-Befehle werden diese Verzeichnisse eingerichtet.
   b) Das Directory zeigt nun eine Datei- und fünf Verzeichnisnamen.

```
A:\>md \text                                              a)
A:\>md \tabelle
A:\>md \datei
A:\>md \grafik


A:\>dir                                                   b)
 Diskette/Platte, Laufwerk A:, hat den
 Namen DISK1
Verzeichnis von A:\
COMMAND  COM     25979  18.03.87  12.00
HILFE         <DIR>         2.01.88   1.11
TEXT          <DIR>         2.01.88   1.11
TABELLE       <DIR>         2.01.88   1.11
DATEI         <DIR>         2.01.88   1.11
GRAFIK        <DIR>         2.01.88   1.11
         6 Datei(en)      277504 Byte frei
```

Unterverzeichnisse zu Verzeichnis TEXT einrichten: Zu TEXT sollen die beiden Unterverzeichnisse SYSTEM und ANWEND eingerichtet werden. Dazu geben wir folgende MD-Befehle ein:

```
A:\>md \text\system
A:\>md \text\anwend
```

Der Pfad \TEXT\SYSTEM bedeutet: Gehe vom Stammverzeichnis "\" aus zum Unterverzeichnis TEXT und richte zu TEXT ein neues Unterverzeichnis namens SYSTEM ein. Der Backslash "\" hat somit zwei Bedeutungen:

- Der erste "\" bezeichnet das Stammverzeichnis.
- Der zweite (und alle nachfolgenden) "\" dienen als Trennungszeichen und trennen Verzeichnisnamen bzw. Dateinamen innerhalb eines Pfades.

Unterverzeichnisse zu Verzeichnis TEXT\ANWEND einrichten: Durch die beiden Befehle

```
A:\>md \text\anwend\privat
A:\>md \text\anwend\dienst
```

werden die Verzeichnisse PRIVAT (private Korrespondenz) und DIENST (dienstlicher Briefverkehr) eingerichtet. Die Suchpfade nennen nun vier Verzeichnisebenen.

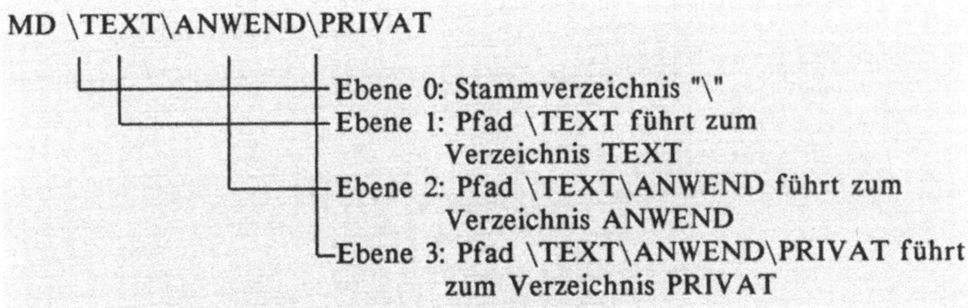

Pfad mit vier Verzeichnisebenen

Ausbau der Verzeichnisstruktur: Das "Modell einer Verzeichnisstruktur"
hat nun das in Abschnitt 4.1 angegebene Aussehen. Dieses Modell soll
jetzt durch Erweiterung der Verzeichnisse HILFE, TABELLE, DATEI
und GRAFIK wie folgt komplettiert werden.

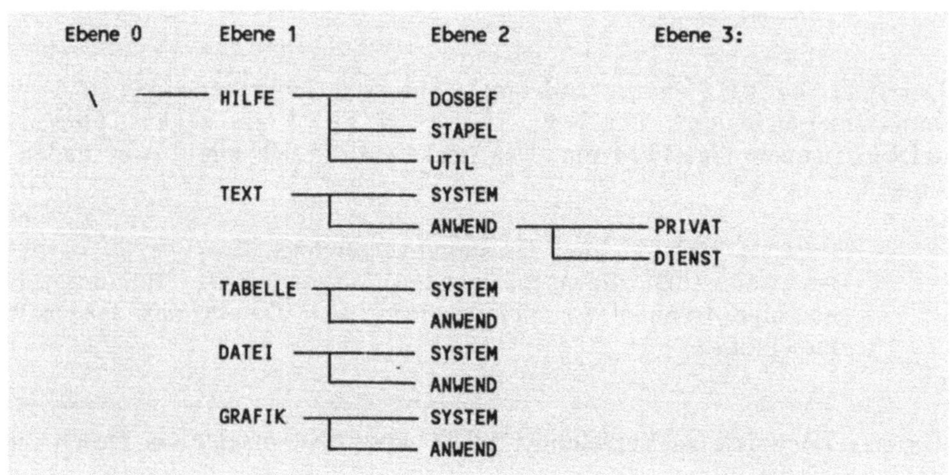

Modell einer Verzeichnisstruktur (Erweiterung zu Abschnitt 4.1)

Wir geben die folgenden neun MD-Befehle ein, um die Unterverzeichnisse einzurichten:

```
A:\>md \hilfe\dosbef
A:\>md \hilfe\stapel
A:\>md \hilfe\util
A:\>md \tabelle\system
A:\>md \tabelle\anwend
A:\>md \datei\system
A:\>md \datei\anwend
A:\>md \grafik\system
A:\>md \grafik\anwend
```

4.3 Unterverzeichnisse aktivieren mit CD

Aufgaben des Befehls CD: CD ist eine Abkürzung für das Befehlswort CHDIR (Change Directory). Mit dem Befehl CD kann man das aktive Verzeichnis bzw. Laufwerk wechseln oder aber das aktive Verzeichnis anzeigen lassen.

Format zum Aufrufen des Befehls CD: Hinter dem Befehlswort CD geben Sie den Pfad an, der ab jetzt aktiviert werden soll. Falls dieser Pfad in einem anderen als dem gerade aktiven Laufwerk liegt, ist auch der Laufwerksbuchstabe einzugeben. Gibt man das Befehlswort CD ohne weiteren Zusatz an, wird nur das derzeit aktive Verzeichnis angezeigt.

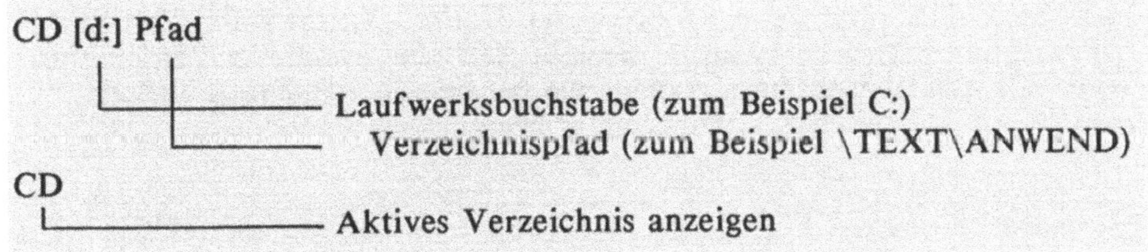

Zwei Formate zum Aufrufen des Befehls CD

Wechseln in das Verzeichnis TEXT als Beispiel: Mit dem Starten des Betriebssystems wird "normalerweise" das Stammverzeichnis im Laufwerk A: aktiviert. MS-DOS meldet sich dann mit
    A>
als seinem Prompt (Bereitschaftszeichen). Dieses Prompt gibt leider nur über das aktive Laufwerk Auskunft, nicht aber über das gerade aktive Verzeichnis. Aus diesem Grunde haben wir das Prompt bereits in den vorhergehenden Beispielen des Buches so geändert, daß nach dem Laufwerksbuchstaben auch das aktive Verzeichnis angezeigt wird (wie man diese Änderung vornimmt, erfahren Sie in Abschnitt 5):

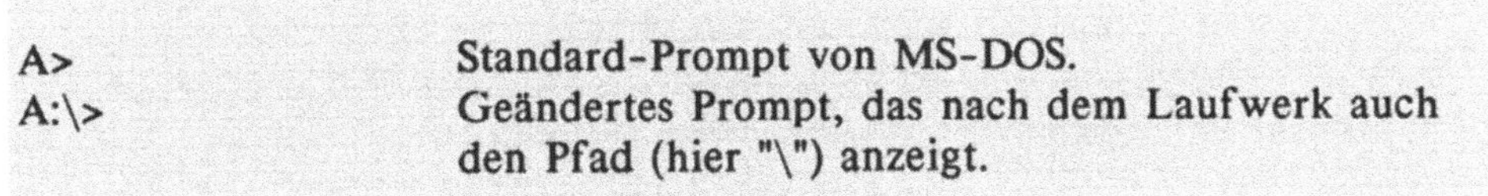

Zwei Promptzeichen von MS-DOS

Das umseitig wiedergegebene Dialogprotokoll zeigt, wie mit dem CD-Befehl in das Unterverzeichnis TEXT gewechselt werden kann.

a) Nach der Eingabe des Befehlswortes CD (ohne weiteren Zusatz) werden das aktive Laufwerk und Verzeichnis angezeigt.

b) Mit dem Befehl CD \TEXT wechseln Sie in das Unterverzeichnis TEXT. Am Bildschirm wird dies durch das Prompt A:\TEXT> quittiert.

c) Der DIR-Befehl bezieht sich nun auf das aktive Verzeichnis TEXT. Vier Verzeichnisse werden angezeigt.

d) Der Punkt "." steht für das aufgelistete Verzeichnis (also für TEXT), während die beiden Punkte ".." auf das unmittelbar übergeordnete Verzeichnis verweisen - in diesem Falls also auf das Stammverzeichnis "\". Befindet man sich im Verzeichnis TEXT, dann sind die zwei Befehle

    CD \   und   CD ..

identisch, da sie jeweils ins Stammverzeichnis zurückführen.

e) Mit CD \TEXT\ANWEND wird das Verzeichnis ANWEND aktiviert. Der DIR-Befehl bezieht sich nun auf dieses Verzeichnis.

f) Mit dem Befehl CD \ kehren Sie ins Stammverzeichnis zurück.

```
A:\>cd                                                          a)
A:\
A:\>cd \text                                                    b)


A:\TEXT>dir                                                     c)
   Diskette/Platte, Laufwerk A:, hat den
   Namen DISK1
Verzeichnis von A:\TEXT
   .              <DIR>      2.01.88   1.11               d)
   ..             <DIR>      2.01.88   1.11
   SYSTEM         <DIR>      2.01.88   1.22
   ANWEND         <DIR>      2.01.88   1.22
          4 Datei(en)    264192 Byte frei

A:\cd \text\anwend                                             e)
A:\TEXT\ANWEND>dir
Verzeichnis von A:\TEXT\ANWEND
   .              <DIR>      2.01.88   1.22
   ..             <DIR>      2.01.88   1.22
   PRIVAT         <DIR>      2.01.88   1.24
   DIENST         <DIR>      2.01.88   1.25
          4 Datei(en)    264192 Byte frei

A:\TEXT\ANWEND>cd \                                            f)
A:\>
```

Vom Stammverzeichnis oder vom aktiven Verzeichnis an suchen: Der Pfad bzw. Suchpfad kann beim Stammverzeichnis (Angabe "\") oder aber beim derzeit aktiven Verzeichnis (Angabe von "\" entfällt) beginnen. Das folgende Dialogprotokoll verdeutlicht dies am Beispiel von drei CD-Befehlen, die in ihrer Wirkung identisch sind:

a) Vom Stammverzeichnis aus in das Verzeichnis ANWEND wechseln.

b) Vom aktiven Verzeichnis aus in das Verzeichnis ANWEND wechseln (vor ANWEND steht kein "\").

c) Vom Stammverzeichnis aus in das Verzeichnis ANWEND wechseln (umständlich, da das TEXT-Verzeichnis bereits aktiviert ist).

```
A:\>cd \TEXT\ANWEND                                    a)


A:\TEXT>cd ANWEND                                      b)
A:\TEXT>cd \TEXT\ANWEND                                c)
```

4.4 Verzeichnisse löschen mit RD

Aufgaben des Befehls RD: Als Gegenstück zum Befehl MD dient der Befehl RD zum Löschen eines früher mittels MD eingerichteten Unterverzeichnisses. RD ist die Abkürzung für das Befehlswort RMDIR (*Remove Directory*).
Ein Verzeichnis kann nur dann von Diskette oder Festplatte entfernt werden, wenn es leer ist, d. h. wenn es keine weiteren Verzeichnisse bzw. Dateien enthält; diese sind zuvor mit ERASE zu löschen. Ebenso kann das aktive Verzeichnis nicht entfernt werden.

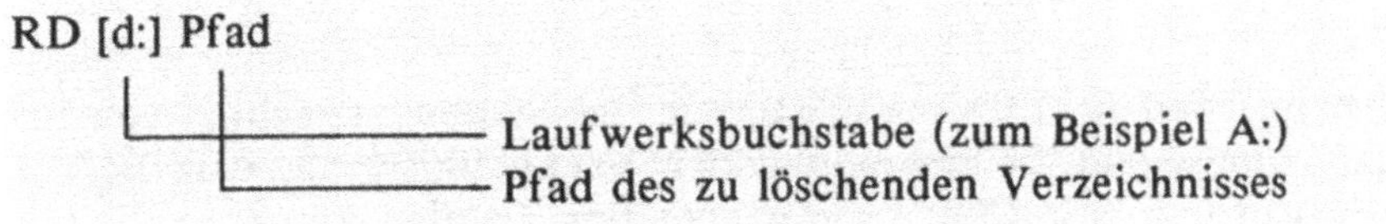

Format zum Aufrufen des Befehls RD

Beispiel zum Löschen eines Verzeichnisses: Um das komplette Verzeichnis TEXT\ANWEND\DIENST von der Diskette im Laufwerk A: zu entfernen, geht man wie im Dialogprotokoll gezeigt vor:

a) Alle Dateien mit dem Befehl ERASE löschen. Da dieser Befehl so gefährlich ist, fragt MS-DOS mit "Sind Sie sicher (J/N)?" nach.

b) Befehl RM zum Löschen des Verzeichnisses. Weder RM noch ERASE melden, ob tatsächlich gelöscht wurde. Orientieren Sie Sie sich durch Eingabe des DIR-Befehls.

```
A:\>erase \text\anwend\dienst\*.*
   Sind Sie sicher (J/N)?  j
A:\>rm \text\anwend\dienst
A:\>
```

4.5 Verzeichnisse kopieren mit COPY und XCOPY

Dateien kopieren mit dem Befehl COPY: Zum Kopieren von Dateien in ein bestimmtes Verzeichnis kann man den Befehl COPY verwenden. So werden durch den Befehl

```
A:\>copy b:\*.* a:\text\system
```

alle Dateien aus dem Stammverzeichnis der in Laufwerk B: befindlichen Diskette in das Verzeichnis \TEXT\SYSTEM von Laufwerk A: kopiert. Umgekehrt kopieren Sie durch den Befehl

```
A:\>copy a:\text\system\*.* b:\
```

alle Dateien im Pfad A:\TEXT\SYSTEM in das Stammverzeichnis von B:. COPY setzt voraus, daß die entsprechenden Verzeichnisse mit dem Befehl MD erstellt wurden. Mit COPY kann man nur Dateien kopieren. Sollen auch Verzeichnisse kopiert werden, so ist der Befehl XCOPY einzusetzen.

Verzeichnisse kopieren mit Befehl XCOPY: Mit diesem Befehl können Verzeichnisse und/oder Dateien kopiert bzw. neu angelegt werden. Der Befehl ist äußerst vielseitig und - bei unsachgemäßem Einsatz - auch recht gefährlich (wenn z.B. unbeabsichtigt Dateien überschrieben werden). Zwei grundlegende Anwendungen des XCOPY-Befehls sollen aufgezeigt werden: das Anlegen der Sicherungskopie eines Verzeichnisses und das Umorganisieren beim Kopieren.

Sicherungskopie eines Verzeichnisses anlegen: In Laufwerk B: befindet sich eine leere und formatierte Diskette. In Laufwerk A: befindet sich unsere Diskette DISK1 mit den Verzeichnissen HILFE, TEXT, TABELLE, ... Nun soll das Verzeichnis TEXT einschließlich aller Unterverzeichnisse und Dateien von A: nach B: kopiert werden. Wir gehen dazu wie im Dialogprotokoll dargestellt vor:

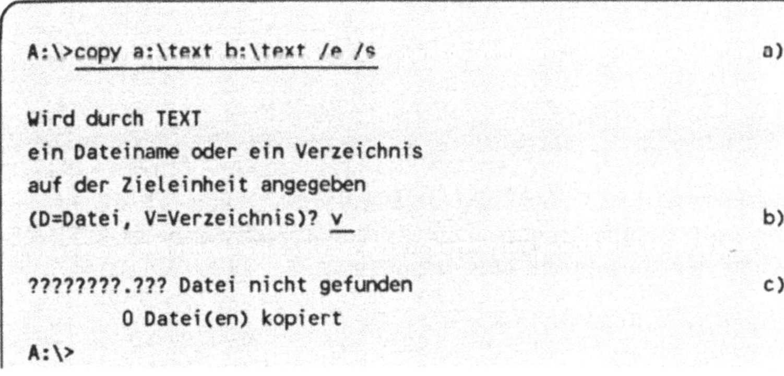

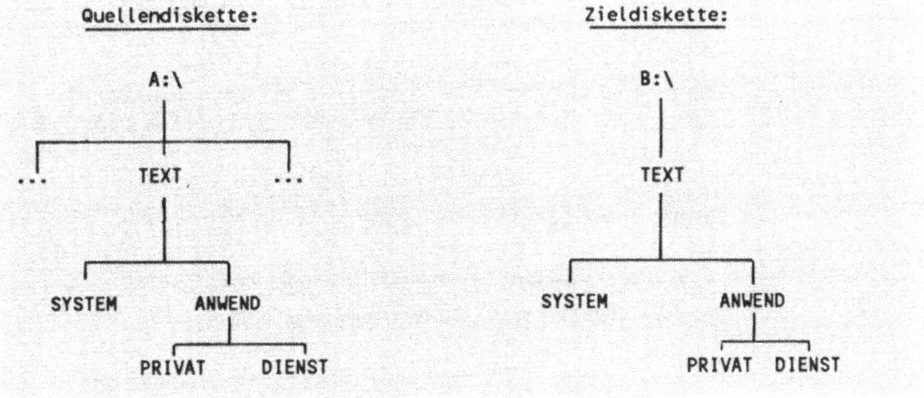

Befehl XCOPY A:\TEXT B:\TEXT /E /S
zum Kopieren des kompletten Verzeichnisses TEXT

a) Im XCOPY-Befehl werden die Parameter /S und /E angegeben. /S
   bewirkt, daß auch alle Dateien im Quellenverzeichnis TEXT und
   in allen untergeordneten Verzeichnissen mit kopiert werden. /E
   stellt sicher, daß auch leere Verzeichnisse auf der Zieldiskette eingerichtet werden. Da das Verzeichnis TEXT auf der Zieldiskette
   nicht gefunden wird, richtet XCOPY dieses Verzeichnis zunächst
   neu ein.

b) Wir geben "V" für "Verzeichnis" ein.

c) Da (hier im Beispiel) das Verzeichnis TEXT keine Dateien enthält,
   wird die Meldung "0 Datei(en) kopiert" angegeben. Die Verzeichnisse wurden jedoch kopiert.

Ein Verzeichnis beim Kopieren neu organisieren: Durch den mit den
Parametern /e und /s aufgerufenen Befehl

```
A:\>xcopy a:\text b:\ /e /s
```

werden die Unterverzeichnisse SYSTEM und ANWEND von TEXT in das
Stammverzeichnis von B: übertragen. Die Verzeichnisstruktur von TEXT
wird somit im Zuge des Kopierens neu organisiert.

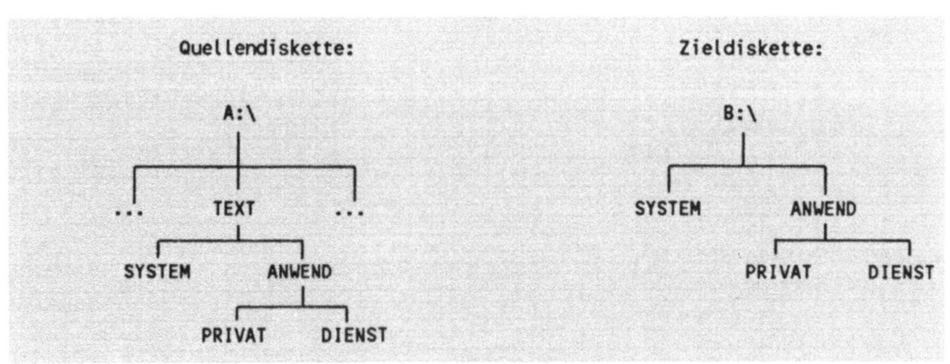

Befehl XCOPY A:\TEXT B:\ /E /S
kopiert direkt ins Stammverzeichnis von B:

Format zum Aufrufen von Befehl XCOPY: Neben /E und /S stellt der Befehl XCOPY noch weitere Parameter bereit (siehe Handbuch).

XCOPY [d:]Quellpfad [d:]Zielpfad [/E] [/S]

- Quellpfad für das Verzeichnis, das zu kopieren ist.
- Zielpfad für das Verzeichnis, das die Kopie aufnimmt.
- /E erstellt Verzeichnisse im Zielpfad auch dann, wenn diese nach dem Kopieren leer (d.h. ohne Dateien) bleiben.
- /S kopiert alle Dateien des Quellpfades und aller untergeordneter Verzeichnisse.

Format zum Aufrufen des XCOPY-Befehls

4.6 Zusammenfassung

In Abschnitt 4 haben Sie erfahren, wie man den riesigen Speicherraum der Diskette und insbesondere der Festplatte durch baumartige Verzeichnisstrukturen in eine übersichtliche Form bringt. Sie können nun:

- Eine vorgegebene Verzeichnisstruktur mit Stamm- und Unterverzeichnissen lesen.
- Neue Verzeichnisse auf der Platte einrichten.
- Ein bestimmtes Verzeichnis aktivieren.
- Dateien in Verzeichnisse speichern bzw. kopieren.
- Dateien aus Verzeichnissen entfernen.
- Leere Verzeichnisse löschen.
- Ein Verzeichnis samt Dateien kopieren.

4.7 MS-DOS-Übungen

Um die Fähigkeiten beim Umgang mit Verzeichnissen anzuwenden und zu trainieren, werden im Lernprogramm Übungen bereitgestellt. Die Übungen zum Abschnitt 4 des Buches sind in der gleichnamigen Lektion

> **4 Verzeichnisstruktur**

zusammengefaßt. Rufen Sie durch Eintippen von LPDOS das MS-DOS-Lernprogramm auf und wählen Sie dann aus dem Lektionsverzeichnis die Lektion 4 aus.

Interaktiv-Schulung MS-DOS

Kapitel II

Grundlagenkurs MS-DOS

Stapeldateien: CONFIG.SYS und AUTOEXEC.BAT sind die Namen von besonderen Stapeldateien zum Starten des Betriebssystems. Der Begriff "Stapeldatei" besagt, daß in einer solchen Datei Befehle gestapelt bzw. gespeichert worden sind, um später jederzeit Befehl für Befehl in der Stapelfolge ausgeführt werden zu können. Die Dateien CONFIG.SYS zur Konfiguration und AUTOEXEC.BAT zur Anpassung des Systems werden im folgenden beschrieben.

5.1 Konfiguration und Anpassung des Systems

Schaltet man einen PC an, dann führt das System einen Kaltstart durch. Diesen Kaltstart haben wir bereits in Abschnitt 1.2 betrachtet; er läuft in fünf Schritten ab und soll nun etwas genauer erklärt werden.

Schritt 1: Betriebssystem booten
Liegt die Systemdiskette in Laufwerk A:, dann werden die versteckten Dateien MSDOS.SYS und IO.SYS von der Diskette in den RAM geladen. Bootlaufwerk ist die Diskette in A:. Ist das Laufwerk A: leer, dann sucht das Bootprogramm (siehe Abschnitt 1.2) z.B. auf der Festplatte nach dem Betriebssystem, um dann die Dateien MSDOS.SYS und IO.SYS von der Festplatte als Bootlaufwerk in den RAM zu laden.

Schritt 2: Konfigurationsdatei CONFIG.SYS ausführen
Nun wird im Bootlaufwerk nach einer Datei namens CONFIG.SYS gesucht, um diese - falls gefunden - auszuführen. Die *System-Konfiguration* kann man als System-Zusammenstellung bezeichnen. Unter einer System-Konfiguration versteht man die Art und Weise, wie die verschiedenen Geräte bzw. Einheiten des PCs (z.B. Drucker, Tastatur, usw.) zu einem funktionsfähigen System zusammengestellt sind. Die Datei CONFIG.SYS enthält deshalb Befehle, mit denen dem System die speziellen Anforderungen der angeschlossenen Geräte mitgeteilt werden. Dazu ein Beispiel: Ist ein besonders großer Bildschirm (etwa in DIN-A4-Größe) angeschlossen, so muß die spezielle Form der Zeichendarstellung auf dem Bildschirm dem System mitgeteilt werden.
Wird keine Datei CONFIG.SYS gefunden, dann werden den Konfigurationsparametern bestimmte Standardwerte zugeordnet.

Schritt 3: Befehlsprozessor COMMAND.COM laden
Die Datei COMMAND.COM enthält alle internen Befehle des Betriebssystems, wie zum Beispiel die Befehle COPY und DIR. Diese Datei wird nun in den RAM geladen.

Schritt 4: Anpassungsdatei AUTOEXEC.BAT ausführen
Im Bootlaufwerk wird jetzt nach einer Datei namens AUTOEXEC.BAT gesucht. Wird keine Datei AUTOEXEC.BAT gefunden, so fragt MS-DOS den Benutzer nach dem Datum und der Zeit. Andernfalls werden die in der Datei gestapelten Befehle ausgeführt. Ein solcher Befehl kann z.B. dafür sorgen, daß die deutschen Umlaute korrekt eingegeben werden können. Über die Befehle der Datei AUTOEXEC.BAT kann der Benutzer das System seinen eigenen Wünschen und Vorstellungen anpassen.

Schritt 5: Betriebsbereitschaft durch Promptzeichen melden
Falls in der Datei AUTOEXEC.BAT keine diesbezüglichen Änderungen vorgenommen wurden, erscheint am Bildschirm das Promptzeichen "A>" bzw. "C>". Das Betriebssystem meldet seine Bereitschaft und wartet auf eine Eingabe des Benutzers.

CONFIG.SYS und AUTOEXEC.BAT als Stapeldateien: In den beiden Dateien sind Befehle gestapelt, um beim Dateiaufruf Befehl für Befehl ausgeführt zu werden. Die Befehlsstapel sind nicht fest vorgegeben. Der Benutzer kann die Reihenfolge der Befehle wie auch die Befehle selbst angeben.

Die Dateien CONFIG.SYS und AUTOEXEC.BAT können vom Benutzer geändert bzw. neu erstellt werden. Damit können Sie den PC an Ihre konkreten Anforderungen anpassen. In den folgenden beiden Abschnitten 5.1 und 5.2 werden wir untersuchen, wie man solche Anpassungen vornimmt.

5.2   Konfigurationsdatei CONFIG.SYS

5.2.1 Datei CONFIG.SYS anzeigen lassen

Konfigurationsvefehle: Wir gehen davon aus, daß das Systen von der Festplatte C: aus gebootet wird. Die Konfigurationsdatei CONFIG.SYS muß dann im Stammverzeichnis C:\ gespeichert sein. MS-DOS stellt ganz spezielle Befehle bereit, die in CONFIG.SYS gestapelt werden können;

man bezeichnet sie als Konfigurationsbefehle. Die folgende einfache Datei CONFIG.SYS enthält zum Beispiel die Konfigurationsbefehle BREAK, BUFFERS, COUNTRY und DEVICE:

a) Durch Eingabe des TYPE-Befehls (siehe Abschnitt 2.7) kann man sich den Inhalt der Datei CONFIG.SYS anzeigen lassen.
b) Fünf Konfigurationsbefehle sind als Befehlsstapel abgelegt.
c) MS-DOS meldet sich wieder mit seinem Promptzeichen.

```
C:\> type config.sys                                      a)
break=off                                                 b)
buffers=20
country=049
device=c:\ansi.sys
device=c:\vdisk.sys 96 128 64
C:\>                                                      c)
```

Konfigurationsdatei CONFIG.SYS mit fünf Befehlen

Konfigurationsbefehl BREAK: Die Tastatureingabe von Ctrl-Break bzw. Strg-Abbr wird nur dann von MS-DOS geprüft, wenn eine Eingabe von der Tastatur erwartet wird. Wird BREAK=ON durch BREAK=OFF ersetzt, prüft MS-DOS das Drücken der Tastatureingabe von Strg-Abbr bei jeder Ein-/Ausgabeoperation. Da BREAK=OFF als Standardeinstellung vorgesehen ist, kann man diesen Befehl auch weglassen.

Konfigurationsbefehl BUFFERS: Ist der RAM größer als 512 KByte, so gilt BUFFERS=15 als Standardeinstellung. Damit werden im RAM 15 Pufferspeicher für das Zwischenspeichern beim Zugriff auf Festplatte bzw. Diskette reserviert. Arbeitet man z.B. mit dem Datenbanksystem dBASE, sollte BUFFERS=15 als Mindestwert eingestellt sein. Mit der Angabe von BUFFERS=20 haben wir diese Angabe erhöht.

Konfigurationsbefehl COUNTRY: Mit COUNTRY=049 wird das deutsche Format für die Eingabe von Datum, Uhrzeit usw. eingestellt. 049 ist der Landescode für den deutschsprachigen Raum. COUNTRY=001 ist als Standard für den US-Landescode voreingestellt.

Konfigurationsbefehl DEVICE=ANSI.SYS: Mit dem DEVICE-Befehl wird ein Geräte- bzw. Einheitentreiber als Programm aktiviert, das ein bestimmtes Gerät (z.B. Tastatur, Bildschirm, Drucker) "antreibt", in dem es dafür sorgt, daß die Datenübertragung zwischen dem Gerät und dem PC reibungslos funktioniert. ANSI.SYS ist der erweiterte Bildschirmtreiber.

Konfigurationsbefehl DEVICE=VDISK.SYS: Wird ein PC mit einer Festplatte betrieben, teilt MS-DOS folgende Laufwerksbuchstaben zu:
- A: für das erste Diskettenlaufwerk.
- B: für ein (ggf. auch erst später anzuschließendes) zweites Diskettenlaufwerk.
- C: für die Festplatteneinheit.
- D: für eine RAM-Disk als virtuelles Diskettenlaufwerk.

RAM-Disk: Unter einer RAM-Disk versteht man einen abgegrenzten Teil des Hauptspeichers bzw. RAMs, der wie ein Diskettenlaufwerk angesprochen und mit dem Einheitentreiber VDISK.SYS eingerichtet wird. Der Befehl

```
DEVICE=C:\VDISK.SYS 96 128 64
```

bewirkt folgendes: Vom RAM wird ein Speicherbereich von 96 KByte Größe für eine RAM-Disk bereitgestellt. Die Sektorgröße beträgt 128 Byte und in die RAM-Disk können maximal 64 Namen eingetragen werden. Bei einem PC mit Disketten A: und B: sowie Festplatte C: erhält die RAM-Disk automatisch den Laufwerksbuchstaben D: zugewiesen.

Arbeiten mit der RAM-Disk. Das folgende Dialogprotokoll zeigt einige typische Zugriffe auf die RAM-Disk:

a) Alle Dateien von der Diskette in Laufwerk A: auf die RAM-Disk als Laufwerk D: kopieren.
b) Die RAM-Disk D: als aktives Laufwerk einstellen.
c) Das Inhaltsverzeichnis der RAM-Disk anzeigen lassen.
d) Alle Dateien auf der RAM-Disk löschen, deren Namen mit den drei Buchstaben "ART" beginnen.
e) Alle TXT-Dateien von der RAM-Disk in das Stammverzeichnis der Festplatte C: kopieren.

```
C:\>copy a:*.* d:                                          a)
C:\>d:                                                     b)
D:\>dir                                                    c)

....

D:\>erase art*.*                                           d)
D:\>copy *.txt c:\                                         e)
```

Vor- und Nachteile der RAM-Disk: Die RAM-Disk eignet sich hervorragend zum Zwischenspeichern von Dateien. Ein Datenzugriff erfolgt wesentlich schneller als der Zugriff auf Daten, die sich auf der Festplatte oder Diskette befinden. Beim Abschalten des PCs geht aber der gesamte Inhalt der RAM-Disk verloren; die RAM-Disk ist ein flüchtiger Speicher. Aus diesem Grunde ist stets zu überlegen, welche Dateien noch auf Permanentspeicher wie Festplatte oder Diskette zu kopieren sind.

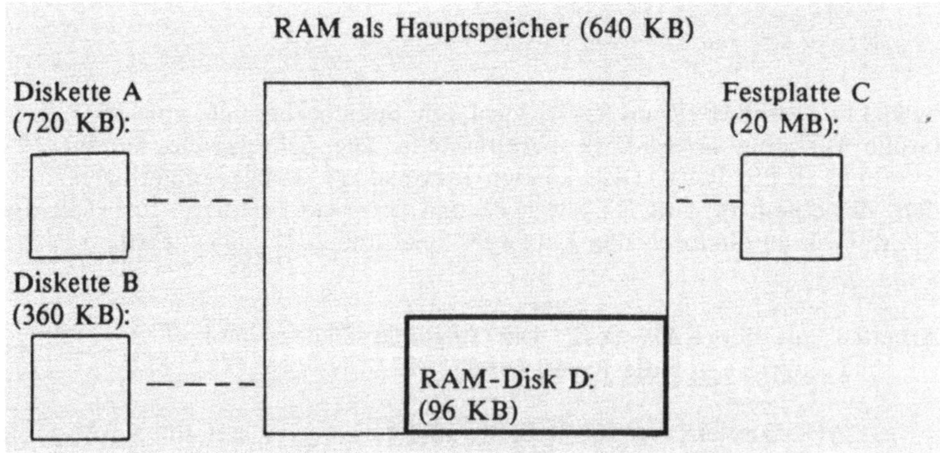

RAM-Disk D: als besonderer Teil des RAM

Von CONFIG.SYS aufgerufene Dateien: Die Datei CONFIG.SYS steht im Stammverzeichnis C:\ der Festplatte. Die von ihr aufgerufenen Dateien COUNTRY.SYS, DRIVER.SYS und VDISK.SYS müssen ebenfalls im Verzeichnis C:\ gespeichert sein, da beim Aufruf dieses Verzeichnis genannt wird (z.B. C:\COUNTRY=049). So würde beim Aufruf von zum Beispiel C:\HILFE\DOSBEF\COUNTRY=049 die Datei COUNTRY.SYS in einem anderen Verzeichnis gesucht werden.

5.2.2 Datei CONFIG.SYS ändern

Eine Datei läßt sich dadurch ändern, daß man sie neu eingibt und die
bisherige Datei überschreibt. MS-DOS stellt dazu den Befehl COPY CON
(CON für Console bzw. Tastatur) bereit:

COPY CON Dateiname

...

Jede Textzeile mit Return-Taste abschließen

...

Strg-Z

Befehl COPY CON zur Tastatureingabe einer Textdatei

Erste Änderung der Datei CONFIG.SYS (Datei neu eingeben): Die Konfigurationsdatei CONFIG.SYS soll ohne die Befehle BREAK und BUF-
FERS gespeichert werden; MS-DOS nimmt dann die Standardwerte
BREAK=OFF und BUFFERS=15 an. Desweiteren soll die RAM-Disk von
96 KByte auf 64 KByte verkleinert werden. Dazu geht man wie im Dialogprotokoll angegeben in drei Schritten vor:

a) Nach dem Eintippen von COPY CON CONFIG.SYS (mit der Re-
    turn-Taste abschließen) steht der Cursor unter dem "C" am Zeilen-
    anfang.
b) Drei Befehlszeilen eingeben und jede Zeile mit der Return-Taste
    abschließen.
c) Mit der Eingabe von Strg-Z werden die drei Befehle unter dem
    Namen CONFIG.SYS im aktiven Laufwerk C: gespeichert. Die
    bisherige Datei CONFIG.SYS wird dadurch überschrieben.
d) Das Promptzeichen erscheint wieder.

```
C:\>copy con config.sys                                       a)
country=049                                                   b)
device=c:\ansi.sys
device=c:\vdisk.sys 64 128 64
Strg-Z                                                        c)
C:\>                                                          d)
```

Zweite Änderung der Datei CONFIG.SYS (Befehl anfügen): An das Ende
der Konfigurationsdatei soll der Befehl FILES=20 angefügt werden, um
die Höchstzahl der gleichzeitig geöffneten Dateien auf 20 (Standard ist
FILES=8) einzustellen. Die Zahl 20 ist zum Beispiel für das Arbeiten mit
dem Datenbanksystem dBASE günstig.

Wir könnten nun wiederum die gesamte geänderte Datei mit COPY CON
CONFIG.SYS neu eingeben. Wir gehen einen einfacheren Weg und fügen
mit dem Befehl COPY CONFIG.SYS + CON den Befehl FILES=20 wie
folgt ein:

a) Der "+"-Operator dient zum Anfügen der über die Tastatur einge-
   gebene(n) Textzeile(n).
b) Eingabe einer Textzeile.
c) Texteingabe wiederum mit Strg-Z abschließen.

```
C:\>copy config.sys + con                                    a)
files=20                                                     b)
Strg-Z                                                       c)
```

Die Konfigurationsdatei hat nun den folgenden Inhalt:

```
C:\>type config.sys
country=049
device=c:\ansi.sys
device=c:\vdisk.sys 64 128 64
files=20
C:\>
```

COPY Dateiname + CON

...

Jede anzufügende Textzeile mit Return-Taste abschließen

...

Strg-Z

*Befehl COPY ... + CON zur Anfügen zusätzlicher Textzeilen
in eine bereits bestehende Textdatei*

Dritte Änderung der Datei CONFIG.SYS (Datei editieren): Eine Konfigurationsdatei kann wie jede andere "normale" Textdatei über ein Textverarbeitungsprogramm (z.B. Word, WordStar, Word Perfect) editiert bzw. bearbeitet werden. Dabei ist zu beachten, daß CONFIG.SYS unformatiert
wieder abgespeichert wird; die speziellen Formatierungszeichen des
jeweiligen Textverarbeitungsprogramms haben in der Konfigurationsdatei
nämlich nichts zu suchen.

5.3   Anpassungsdatei AUTOEXEC.BAT

5.3.1 Anpassungsdatei in einfacher Form

Beim Starten des PCs wird als Schritt 4 (siehe Abschnitt 5.1) die Anpassungsdatei AUTOEXEC.BAT gesucht:

Schritt 1: Betriebssystem booten
Schritt 2: Konfigurationsdatei CONFIG.SYS ausführen
Schritt 3: Befehlsprozessor COMMAND.COM laden
Schritt 4: Anpassungsdatei AUTOEXEC.BAT ausführen
Schritt 5: Betriebsbereitschaft durch Promptzeichen melden

In der folgenden einfachen Anpassungsdatei sind zum Beispiel die fünf Befehle ECHO, REM, KEYB, DATE und VER gestapelt:

a)   Die Datei AUTOEXEC.BAT ist eine Textdatei und kann - wie alle Textdateien - durch den TYPE-Befehl angezeigt werden.
b)   ECHO OFF als erster in der Datei gestapelter Befehl.
c)   Nach dem Anzeigen der fünf Befehlszeilen erscheint das Prompt.

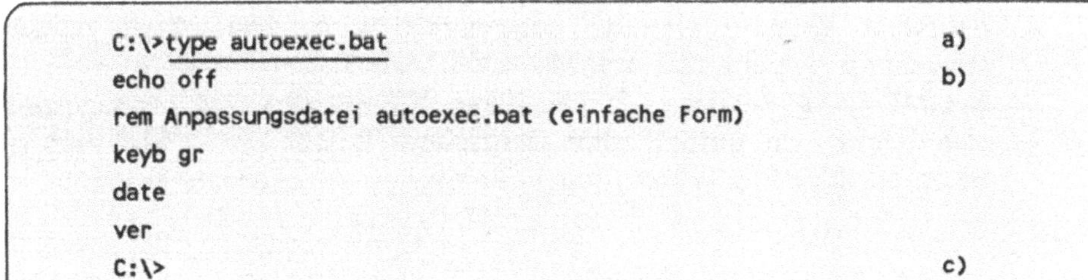

Anpassungsdatei AUTOEXEC.BAT in einfacher Form
mit fünf Befehlen

AUTOEXEC.BAT als Stapeldatei: Der Dateityp BAT (engl. *Batch* für Stapel) weist darauf hin, daß in dieser Datei mehrere Befehle gestapelt angeordnet sind, die bei der Ausführung der Datei in der Reihenfolge des Stapels ausgeführt werden. Man spricht von einer Stapeldatei (engl. *Batch-File*). Die Stapeldatei AUTOEXEC.BAT wird ausgeführt, in dem man ihren Namen AUTOEXEC (ohne den Dateityp) nennt.

Befehl ECHO OFF: Standardmäßig ist ECHO ON eingestellt. Das bedeutet, daß bei der Ausführung der Stapeldatei AUTOEXEC.BAT jede gerade ausgeführte Befehlszeile sowie zusätzliche Meldungen am Bildschirm (wie ein Echo) angezeigt werden. Mit dem Befehl ECHO OFF wird die Ausgabe von Systemmeldungen unterdrückt.

Befehl REM: Hinter dem Befehlswort REM können Sie einen Kommentar angeben, der beim Anzeigen der Befehlszeilen mittels TYPE gezeigt wird, nicht aber bei der Ausführung der Stapeldatei.

Befehl KEYB GR: Mit dem Befehlsaufruf KEYB (für *Keyboard*) GR (für *Germany* als Argument) wird die deutsche Tastatur bzw. der deutsche Zeichensatz eingestellt. Ohne diesen Befehl würde z.B. anstelle von "Ü" das Zeichen "[" am Bildschirm erscheinen, da standardmäßig die US-Tastatur eingestellt ist (diese kennt leider weder Umlaute noch das Zeichen "ß"). Beachten Sie, daß ab der MS-DOS Version 3.3 die Tastaturanpassung zwei Dateien erfordert:

- Ab MS-DOS Version 3.3: Die Dateien KEYB.COM und KEY-BOARD.SYS müssen im aktiven Verzeichnis gespeichert sein. Der externe Befehl KEYB.COM lädt die Tastaturdefinitionsdatei KEY-BOARD.SYS, aus der dann bei Angabe des Arguments GR die deutsche Tastaturbelegung ausgewählt wird. Die obige Anpassungsdatei bezieht sich auf MS-DOS DOS 3.3.
- Bis MS-DOS Version 3.2: Die Datei KEYBGR.COM muß gespeichert sein; sie enthält den deutschen Zeichensatz. Ein anderes Beispiel: KEYBIT würde den italienischen Zeichensatz laden.

Befehl DATE: Das Datum wird über die Tastatur abgefragt. Da in der Konfigurationsdatei CONFIG.SYS mit COUNTRY=049 die Nummer 49 für Deutschland angegeben wurde, können Sie das Datum im Format "tt,mm,jj" (Tag,Monat,Jahr) eintippen.

Befehl VER: Die Versionsnummer des Betriebssystems wird angezeigt.

Bildschirmdialog beim Booten: Bootet man den PC mit der obigen Anpassungsdatei AUTOEXEC und der ersten in Abschnitt 5.2 angegebenen Konfigurationsdatei CONFIG.SYS, so erhält man z.B. folgenden Bildschirmdialog:

a) Die Konfigurationsdatei CONFIG.SYS wird ausgeführt. Am Bildschirm werden die Einstellungen der RAM-Disk angezeigt.

b) Die Anpassungsdatei AUTOEXEC.BAT wird ausgeführt. ECHO OFF wird angezeigt (erst ab diesem Befehl werden die Systemmeldungen unterdrückt).

c) Der Befehl DATE wird ausgeführt und 4.1.88 als Datum eingegeben.

d) Der Befehl VER wird ausgeführt.

e) Als aktives Laufwerk meldet sich C>, d.h. die Festplatte.

```
VDISK Version 3.30 Virtuelle Platte D:                    a)
    Puffergröße:           96 KB
    Sektorgröße:           128
    Verzeichniseinträge:    64


C>echo off                                               b)
Systemdatum: Di.  1.01.1980                               c)
Neues Datum  (tt.mm.jj) eingeben: 4.1.88


IBM Personal Computer DOS-Version 3.30                    d)
C>                                                       e)
```

5.3.2 Promptzeichen ändern mit PROMPT

Normalerweise meldet das Betriebssystem mit seinem Prompt- bzw. Bereitschaftszeichen das aktive Laufwerk, gefolgt von dem ">"-Zeichen. Am Bildschirm erscheint also "A>", "B>, "C>" usw. Wir wollen das Promptzeichen so ändern, daß nicht nur das Laufwerk, sondern der komplette Pfad vor dem ">"-Zeichen angezeigt wird. Dazu fügen wir den folgenden PROMPT-Befehl in die Datei AUTOEXEC.BAT ein:

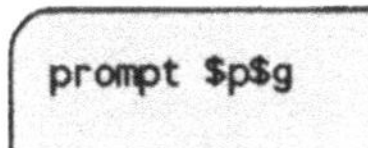
```
prompt $p$g
```

Dabei stehen "$p" für "aktive Pfade (engl. *path*) anzeigen" und "$g" für "Größer-Zeichen ">" anzeigen". Arbeiten wir gerade im Unterverzeichnis C:\TEXT\ANWEND\PRIVAT, dann meldet sich MS-DOS mit dem recht informativen Promptzeichen C:\TEXT\ANWEND\PRIVAT>, nicht aber mit dem standardmäßig vorgesehenen Promptzeichen C>.
Bei den in Abschnitt 4 wiedergegebenen Dialogprotokollen wurde dieses erweiterte Promptzeichen zugrunde gelegt.

Format zum Aufrufen des Befehls PROMPT. PROMPT=ng ist als Standard eingestellt. Es können u.a. folgende Buchstaben jeweils nach einem "$"-Zeichen angegeben werden:

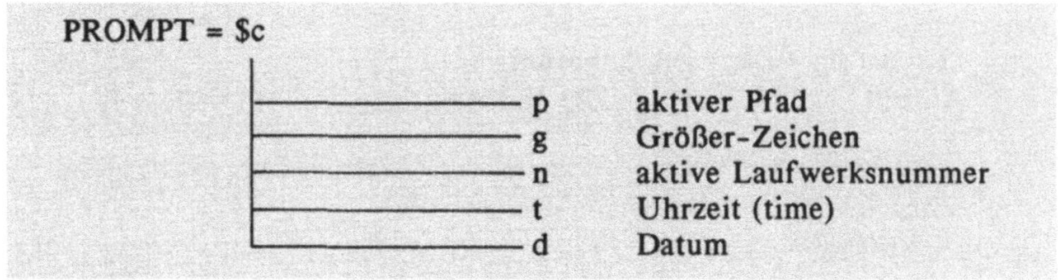

PROMPT = $c

p	aktiver Pfad
g	Größer-Zeichen
n	aktive Laufwerksnummer
t	Uhrzeit (time)
d	Datum

Format zum Aufrufen des Befehls PROMPT

Nach dem Einfügen des PROMPT-Befehls hat die Datei AUTO-EXEC.BAT nun die folgende Form:

```
C:\>type autoexec.bat
echo off
rem Anpassungsdatei autoexec.bat (1. Erweiterung)
keyb gr
prompt $p$g
date
ver
C:\>
```

Anpassungsdatei AUTOEXEC.BAT mit geändertem Promptzeichen

5.3.3 Suchpfade angeben mit PATH

Geben Sie einen bestimmten externen Befehl mit der Tastatur ein, dann sucht MS-DOS normalerweise nur im aktiven Verzeichnis nach der zugehörigen Befehlsdatei. Ein Beispiel:
- Es ist gerade A:\ als aktives Verzeichnis eingestellt.
- Sie geben den Befehl FORMAT ein, um eine Diskette zu formatieren. Da FORMAT ein externer, d.h. nicht intern im RAM verfügbarer Befehl ist, sucht MS-DOS im aktiven Verzeichnis A:\.
- Ist die Datei FORMAT.COM nicht in A:\, sondern im Verzeichnis C:\ auf der Festplatte gespeichert, kann der Befehl nicht gefunden und ausgeführt werden.

Mit dem PATH-Befehl können Sie eines oder mehrere Verzeichnisse angeben, in denen MS-DOS nach dem jeweils angeforderten Befehl suchen soll. Fügt man den Befehl

```
path c:\; c:\hilfe\dosbef
```

in die Datei AUTOEXEC.BAT ein, dann sucht das Betriebssystem bei jedem Befehlsaufruf automatisch auch im Pfad C:\ (Stammverzeichnis) und im Pfad C:\HILFE\DOSBEF (siehe erweiterte Verzeichnisstruktur in Abschnitt 4.2). Mit dem Befehl PATH C:\ würde neben dem aktiven nur im Verzeichnis C:\ zusätzlich gesucht.

Format zum Aufrufen des Befehls PATH: Die Suchpfade sind durch ";" zu trennen. Wird PATH ohne Parameter eingegeben, wird der aktive Suchpfad angezeigt. Mit PATH ; (nur ";" nennen) löschen Sie die aktiven Pfade, um nur noch im aktiven Pfad zu suchen (MS-DOS-Voreinstellung).

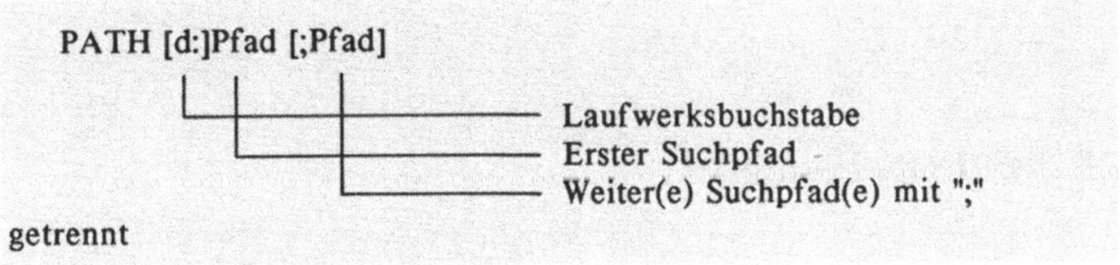

Format des Stapelverarbeitungsbefehls PATH

Nach dem Einfügen des PATH-Befehls hat die Datei AUTOEXEC.BAT die folgende Form:

```
C:\>type autoexec.bat
echo off
rem Anpassungsdatei autoexec.bat (2. Erweiterung)
keyb gr
prompt $p$g
path=c:\; c:\hilfe\dosbef
cls
date
ver
C:\>
```

Anpassungsdatei AUTOEXEC.BAT mit geändertem Promptzeichen
und zwei zusätzlichen Suchpfaden

5.4 Zusammenfassung

In Abschnitt 5 haben Sie Dateien CONFIG.SYS und AUTOEXEC.BAT kennengelernt. Sie haben erfahren, welche Aufgaben diese Dateien als Stapeldateien beim Starten des PCs bzw. Betriebssystems übernehmen. Sie sind jetzt in der Lage,

- den schrittweisen Ablauf beim Starten des Betriebssystems zu beschreiben und zu gestalten.
- die Aufgaben einer Konfigurationsdatei CONFIG.SYS zu nennen.
- die Befehle einer einfachen Datei CONFIG.SYS zu interpretieren.
- eine RAM-Disk als flüchtigen Speicher einzurichten.
- eine einfache Datei CONFIG.SYS zu speichern.
- die Aufgaben einer Anpassungsdatei AUTOEXEC.BAT zu nennen.
- die Anpassung an die deutsche Tastatur vorzunehmen.
- eine einfache Datei AUTOEXEC.BAT zu speichern.
- ein erweitertes Promptzeichen anzugeben.
- einen oder mehrere Suchpfade einzustellen.

5.5 MS-DOS-Übungen

Im Lernprogramm finden Sie zum vorliegenden Buchabschnitt 5 mehrere Übungen, die in der gleichnamigen Lektion

5 CONFIG.SYS und AUTOEXEC.BAT

enthalten sind. Mit diesen Übungen können Sie Ihre Fertigkeiten beim Umgang mit den Dateien CONFIG.SYS und AUTOEXEC.BAT anwenden und festigen. Starten Sie das Lernprogramm durch Eintippen von LPDOS und wählen Sie aus dem Lektionsverzeichnis die Lektion 5 aus.

Interaktiv-Schulung MS-DOS

Kapitel II

Grundlagenkurs MS-DOS

6.1 Stapelverarbeitungsbefehle an einem Beispiel

Stapeldateien bzw. Batchfiles unter MS-DOS benötigt man, um Befehlsfolgen in Dateien stapeln; diese werden dann dann bei Bedarf aufgerufen und ausgeführt. In Abschnitt 5.3 hatten wir AUTOEXEC.BAT als besondere Stapeldatei kennengelernt. "Besonders" aus dem Grunde, da MS-DOS nach dem Systemstart automatisch nach einer Datei dieses Namens sucht. Eine Stapeldatei erkennt man an dem Dateityp BAT (engl. *batch* für Stapel). Stapeldateien werden auch als Stapelverarbeitungsdateien oder *Batchfiles* (engl. *file* für Datei) bezeichnet.

Stapelverarbeitungsbefehle: In Stapeldateien kann man gewöhnliche Befehle (wie z.B. FORMAT) und spezielle Befehle (wie z.B. IF) ablegen. Letztere nennt man Stapelverarbeitungsbefehle.

CLS
    Den Bildschirm löschen.
ECHO (Nachricht/on/off)
    Eine Bildschirmanzeige ausgeben.
FOR %%Variable in (Satz) DO Befehl
    Eine Wiederholung in Abhängigkeit von %%Variable ausführen.
GOTO :Sprungmarke
    Zu der Zeile mit der genannten Sprungmarke verzweigen.
IF (NOT)Bedingung Befehl
    Einen Befehl bedingt ausführen.
PAUSE (Nachricht)
    Die Ausführung bis zum Drücken einer Taste unterbrechen.
REM (Bemerkung)
    Eine Bemerkung beim Anzeigen mit dem TYPE-Befehl ausgeben.

Grundlegende Stapelverarbeitungsbefehle von MS-DOS

Stapeldatei DISKFORM.BAT als Beispiel: Am Beispiel einer Stapeldatei mit Namen DISKFORM.BAT sollen die Stapelverarbeitungsbefehle erklärt werden. DISKFORM.BAT dient dem Zweck, entweder eine Datendiskette oder aber eine bootfähige Systemdiskette zu formatieren.

```
echo off
cls
rem Name:  diskform.bat
rem Zweck: System- oder Datendiskette formatieren
rem -------------------------------------------------
if "%1 == " goto abbruch
break on
if %1==daten goto datendiskette
if %1==system goto systemdiskette

:abbruch
echo DISKFORM DATEN (Datendiskette) oder aber
echo DISKFORM SYSTEM (Systemdiskette) eingeben
goto ende

:datendiskette
format a: /v
echo Datendiskette erstellt
goto ende

:systemdiskette
echo Leere Systemdiskette in A: einlegen
pause
format a: /s /v
copy autoexec.bat a:
copy config.sys a:
for %%a in (command.com,key*.*) do copy %%a a:
echo Systemdiskette erstellt
dir a:

:ende
break=off
echo Ende von Datei diskform.bat
```

Erklärung der in der Stapeldatei DISKFORM angegebenen Befehle anhand von Beispielen:

ECHO OFF
Die Ausgabe von Systemmeldungen wird unterdrückt.

CLS
Den Bildschirm löschen.

REM
Die Bemerkungen werden bei der Ausführung der Stapeldatei nicht angezeigt.

IF "%1 == " GOTO ABBRUCH
Die Stapeldatei DISKFORM.BAT muß mit einem der Parameter DATEN oder SYSTEM aufgerufen werden:
- Aufruf DISKFORM DATEN zum Formatieren einer Datendiskette.
- Aufruf DISKFORM SYSTEM zum Formatieren einer Systemdiskette.
- Aufruf DISKFORM ergibt einen Fehler.

Der jeweilige Parameter wird dann in der Variablen %1 gespeichert. Wird die Datei mit DISKFORM ohne einen Parameterwert aufgerufen, dann wird die Datei nach der Ausgabe von "Syntax Error" dennoch ausgeführt, mit möglicherweise verhängnisvollen Auswirkungen. Mit der Abfrage "%1== " wird dies dadurch verhindert, daß (Variable %1 ist leer) zu der Sprungmarke ABBRUCH verzweigt wird.

BREAK ON:
Die Ausführung der Stapeldatei soll zu jedem Zeitpunkt mit Strg-C bzw. Strg Abbr unterbrochen werden können. Erst vor dem Programmende wird BEAK OFF gesetzt.

IF %1==DATEN GOTO DATENDISKETTE
Ist in der Variablen %1 der Parameterwert DATEN gespeichert, wird zu der Sprungmarke mit Namen DATENDISKETTE verzweigt. Ist %1==SYSTEM erfüllt, wird zur Sprungmarke SYSTEMDISKETTE verzweigt. Andernfalls wird zur Folgezeile in der Datei DISKFORM gegangen.

:ABBRUCH
Die Sprungmarke ABBRUCH wird im IF-Befehl als Sprungziel angegeben. In der jeweiligen Zeile selbst muß vor der Sprungmarke ein ":" geschrieben werden. Außerdem muß die Sprungmarke allein in einer Zeile stehen.

ECHO ... Text ...
Der hinter dem Befehlwort angegebene Text wird am Bildschirm gezeigt.

GOTO ENDE
Zur Sprungmarke ENDE wird unbedingt verzweigt. Der GOTO-Befehl dient zum unbedingten Verzweigen, der IF-Befehl hingegen zum bedingten Verzweigen.

PAUSE
Das System unterbricht die Ausführung der Stapeldatei solange, bis irgend eine Taste gedrückt wird.

FORMAT A: /S /V

Die Diskette in Laufwerk A: wird formatiert. Anschließend wird das Betriebssystem übertragen (Parameter /S) und ein über die Tastatur eingegebener Name auf die Diskette eingetragen (Parameter /V).

COPY AUTOEXEC.BAT A:

Die Anpassungsdatei AUTOEXEC.BAT wird vom aktiven Bootlaufwerk auf die Diskette in A: kopiert.

FOR %%A IN (COMMAND.COM, KEY*.*) DO COPY %%1 A:

Mit dem FOR-Befehl wird eine Schleife programmiert. Die Schleife wird dreimal durchlaufen, um die Dateien COMMAND.COM, KEYB.COM und KEYBOARD.SYS vom aktiven Laufwerk auf die Diskette in A: zu kopieren. %%A ist eine Schleifenvariable. Die FOR-Schleife könnte man auch durch folgende drei COPY-Befehle ersetzen:

- COPY COMMAND.COM A:
- COPY KEYB.COM A:
- COPY KEYBOARD.SYS A:

Das Programmieren einer Schleife lohnt sich besonders dann, wenn diese mehrfach durchlaufen wird.

Ausführungsprotokoll der Datei DISKFORM.BAT mit fehlerhaftem Aufruf. Da das Befehlswort DISKFORM ohne einen Parameter angegeben wird, endet die erste wiedergegebene Ausführung nach Ausgabe einer Fehlermeldung:

```
C:\>diskform
DISKFORM DATEN (Datendiskette) oder aber
DISKFORM SYSTEM (Systemdiskette) eingeben
Ende von Datei diskform.bat
C:\>
```

Ausführungsprotokoll der Datei DISKFORM.BAT mit korrektem Aufruf. Eine Systemdiskette wird erfolgreich formatiert und eingerichtet. Der dazu vorzunehmende Aufruf der Stapeldatei DISKFORM.BAT wird im umseitigen Dialogprotokoll wiedergegeben.

```
C:\>diskform system
Leere Systemdiskettein A: einlegen
weiter --> eine Taste betätigen
Neue Diskette in Laufwerk A: einlegen,
anschließend die Eingabetaste betätigen
Formatieren beendet
System übertragen
Name (max. 11 Zeichen)  DOSDiskette
     362496 Byte Gesamtspeicherbereich
      79872 Byte vom System verwendet
     282624 Byte auf Diskette/Platte verfügbar
Noch eine Diskette formatieren (J/N)? n
1 Datei(en) kopiert
1 Datei(en) kopiert
1 Datei(en) kopiert
2 Datei(en) kopiert

Systemdiskette erstellt
Diskette/Platte, Laufwerk A:, hat den
Namen DOSDISKETTE
Verzeichnis von A:\
AUTOEXEC BAT      202  19.12.87   0.15
CONFIG   SYS       62  29.12.87   0.13
COMMAND  COM    25979  18.03.87  12.00
KEYB     COM     9168  18.03.87  12.00
KEYBOARD SYS    19776  18.03.87  12.00
        5 Datei(en)       251594 Byte frei
        Ende von Datei diskform.bat
C:\>
```

Korrektes Ausführungsprotokoll der Datei DISKFORM.BAT. Eine Datendiskette wird erfolgreich formatiert; beim Aufruf wird hinter DISKFORM der Parameter DATEN angegeben:

```
C:\>diskform daten
Neue Diskette in Laufwerk A: einlegen,
anschließend die Eingabetaste betätigen
Formatieren beendet
Name (max. 11 Zeichen) oder Eingabetaste  Briefe1
     362496 Byte Gesamtspeicherbereich
     362496 Byte auf Diskette/Platte verfügbar
Noch eine Diskette formatieren (J/N)? n
Datendiskette erstellt
Ende von Datei diskform.bat
C:\>
```

Stapeldatei DISKFORM.BAT eingeben:

```
C:\>copy con diskform.bat
echo off
... alle Textzeilen eingeben (Return-Taste am Ende)

echo Ende von datei diskform.bat
Strg-Z
```

Stapeldatei ausführen lassen:

```
C:\>diskform daten
    oder
C:\>diskform system
```

Stapeldatei am Bildschirm anzeigen:

```
C:\>type diskform.bat
...
```

Stapeldatei am Drucker ausgeben:

```
C:\>Strg-P        oder Strg-Druck
C:\>type diskform.bat
...
C:\>Strg-P
```

Grundlegende Tätigkeiten beim Bearbeiten einer Stapeldatei

Mit der Tastenkombination Strg-P (die Strg-Taste gedrückt halten und
dann einmal die "P"-Taste drücken) bzw. Strg-Druck wird der Drucker
eingeschaltet. Der Drucker bleibt so lange aktiv, bis erneut Strg-P eingegeben wird (siehe auch Abschnitt 2.7).
Eine andere Möglichkeit zum Ausdrucken besteht darin, daß mit

```
C:\>type diskform.bat > prn
```

die Ausgabe direkt auf den Drucker (prn für printer bzw. Drucker) geleitet wird. Das Zeichen ">" dient dabei der Umleitung der Ausgabe (siehe
auch die Datei DRUCKEN.BAT in Abschnitt 6.2).

6.2 Stapeldateien zu den grundlegenden Ablaufstrukturen

Die grundlegenden Ablaufstrukturen von Programmen sind linear, nach vorwärts oder nach rückwärts verzweigend.

Linearer Ablauf (Folgestruktur):
Zuerst Befehl 1, dann Befehl 2, dann Befehl 3, ..., dann Befehl n ausführen.

Nach vorwärts verzweigender Ablauf (Auswahl- bzw. Alternativstruktur):
In Abhängigkeit einer Bedingung entweder die eine Befehlsfolge oder aber die andere Befehlsfolge ausführen.

Nach rückwärts verzweigender Ablauf (Wiederholungsstruktur, Schleife):
Eine Befehlsfolge solange wiederholt ausführen, bis eine bestimmte Bedingung erfüllt ist.

Drei grundlegende Ablaufstrukturen von Programmen

Stapeldatei SICHERN.BAT mit Folgestruktur: Das Programm sichert alle Stapeldateien von Diskette A: auf die Diskette B:. Zunächst wird die Ausführung mit dem PAUSE-Befehl unterbrochen, bis die entsprechenden Disketten eingelegt sind. Dann werden die Stapeldateien (erkennbar am Dateityp BAT) von A: nach B: kopiert, um abschließend noch das Inhaltsverzeichnis von B: zur Kontrolle anzuzeigen. SICHERN.BAT zeigt einen linearen Ablauf, da die Befehle genau in der programmierten Reihenfolge zur Ausführung kommen.

```
C:\>type sichern.bat
echo off
rem Name:    sichern.bat
rem Zweck:   Stapeldateien von A: nach B: kopieren
rem Aufruf:  sichern
rem -----------------------------------------------
echo Quelldiskette in A: und Zieldiskette in B:
pause
copy a:*.bat b:
echo Stapeldateien auf Diskette B:
dir b:*.bat
echo Ende von Datei sichern.bat
```

Stapeldatei DRUCKEN.BAT mit Auswahlstruktur: Die Datei DRUCKEN dient dem Ausdrucken einer beliebigen Textdatei. Der Name der Textdatei wird beim Aufruf als Parameter angegeben. Das Programm wählt zwei Fälle aus (Auswahl- bzw. Alternativstruktur mit IF-Befehl):

- *1. Fall bei der Auswahl:* Der angegebene Dateiname wird im aktiven bzw. im angegebenen Verzeichnis gefunden. Der Dateiinhalt kann dann über den TYPE-Befehl ausgedruckt werden.
- *2. Fall bei der Auswahl:* Der angegebene Dateiname wird nicht gefunden. Das Programm verzweigt nun vorzeitig zum Ende.

Das Programm kann zum Beispiel mit DRUCKEN BRIEFE1.TXT, DRUCKEN C:\M12222.TXT oder DRUCKEN A:\TEXT\PRIVAT\-RECHNUNG.TXT aufgerufen werden.

```
C:\>type drucken.bat
echo off
rem Name:   drucken.bat
rem Zweck:  Ausdrucken einer Textdatei
rem Aufruf: z.B. drucken briefe1.txt
rem -------------------------------------------
if not "%1== " goto beginn
echo Fehlerhaft, da der Dateiname fehlt
goto ende
beginn:
type %1 > prn
ende:
echo Ende von Datei drucken.bat
```

Stapeldatei DIRECT.BAT mit Wiederholungsstruktur: Die Datei DIRECT.BAT zeigt die Namen aller Textdateien im aktiven Verzeichnis an. Dies können 1, 8 oder 112 Dateien sein; entsprechend wird die mit dem Befehl FOR gesteuerte Schleife 1, 8 oder 112 mal wiederholt.

```
C:\>type direct.bat
echo off
rem Name:   direct.bat
rem Zweck:  Directory aller Textdateien anzeigen
rem Aufruf: direct
rem -------------------------------------------
for %%e in (*.bat) do dir %%e
echo ende von Datei drucken.bat
```

6.3 Zusammenfassung

In Abschnitt 6 haben Sie gelernt, wie man Befehle in einer Stapeldatei in einer bestimmten Reihenfolge abspeichert bzw. stapelt, damit sie später beliebig oft in genau derselben Reihenfolge ausgeführt werden können. Sie wissen jetzt:

- Welche grundlegenden Stapelverarbeitungsbefehle von MS-DOS bereitgestellt werden.
- Wie man eine Stapeldatei speichert, ausführt, anzeigt und ausdruckt.
- Wie man eine parameterlose Stapeldatei erstellt und aufruft.
- Wie man eine Stapeldatei mit Parameter erstellt und aufruft.
- Worin sich Programmabläufe mit Folgestruktur, Auswahlstruktur und Wiederholungsstruktur unterscheiden.
- Was eine Stapeldatei mit verzweigendem Ablauf ist.
- Was eine Stapeldatei mit sich wiederholendem Ablauf ist.

6.4 MS-DOS-Übungen

Die Übungen zum vorliegenden Abschnitt 6 sind im Lernprogramm in der gleichnamigen Lektion

> **6 Stapelverarbeitungsbefehle**

gespeichert. Damit haben Sie Gelegenheit, Ihren Kenntnisstand beim Programmieren von Stapeldateien zu testen und zu vertiefen. Starten Sie das Lernprogramm mit LPDOS und wählen Sie dann die Lektion 6 aus dem Lektionsverzeichnis aus.

Interaktiv-Schulung MS-DOS

Kapitel II

Grundlagenkurs MS-DOS

7.1 Drei Merkmale des Modells einer Verzeichnisstruktur

Der riesige Speicherraum der Festplatte muß so organisiert sein, daß die täglich eingesetzten Software-Werkzeuge einfach und schnell aufgerufen werden können. Dazu werden wir ein Organisationsmodell beschreiben, das zum einen rasch auf der Festplatte installiert werden kann, und das zum anderen leicht geändert bzw. den eigenen Anforderungen angepaßt werden kann.

Verzeichnisstruktur gemäß Software-Werkzeugen (1. Merkmal): Der Festplattenorganisation soll die in Abschnitt 4.2 dargestellte Verzeichnisstruktur zugrundeliegen: In den fünf Verzeichnissen HILFE, TEXT, TABELLE, DATEI und GRAFIK sollen die entsprechenden Dateien zu den Arbeitshilfen, der Textverarbeitung, Tabellenkalkulation, Dateiverwaltung und Grafikunterstützung gespeichert werden. Unterscheidungskriterium der fünf Verzeichnisse sind die jeweils bereitgestellten Software-Werkzeuge (auch als Tools bezeichnet).

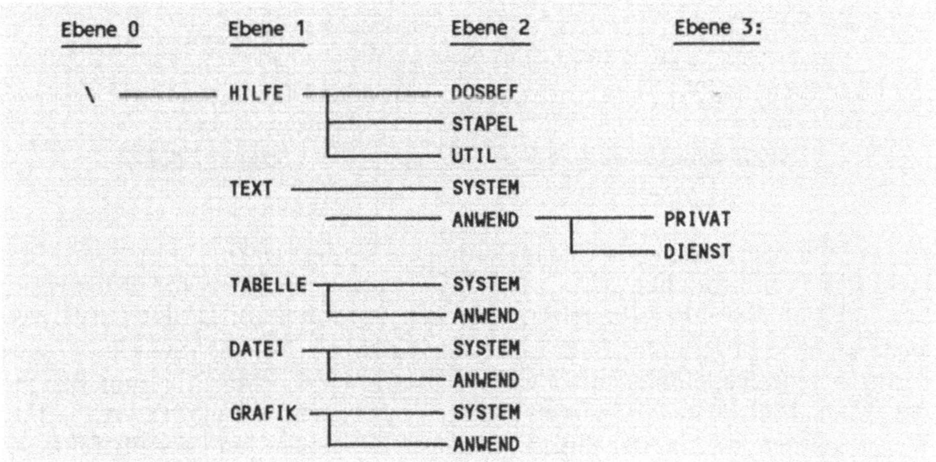

Modell einer Verzeichnisstruktur (identisch zu Abschnitt 4.2)

Menü zur Auswahl von Werkzeugen (2. Merkmal): Nach dem Booten des PCs und nach dem Beenden der Arbeit mit einem bestimmten Software-Werkzeug (Tool) soll ein Menü am Bildschirm erscheinen. In dem Menü werden Wahlmöglichkeiten bereitgestellt; durch Eingabe eines Buchstabens bzw. Wortes kann das entsprechende Tool aktiviert werden. Zwei Beispiele auf der folgenden Seite:

- Gibt man "M" ein, so wird die Tabellenverarbeitung Multiplan aktiviert; nach der Beenden der Arbeit mit diesem Tool erscheint sofort wieder das Menü am Bildschirm.
- Nach der Auswahl von "Form" wird man aufgefordert, eine leere Diskette in Laufwerk B: zwecks Formatieren einzulegen. Nach dem Formatieren erscheint wieder das Menü.

```
C:\>type menu.txt
-----------------------------------------------------------------

Aufruf:    Werkzeug:           Rückkehr:      Verzeichnis


   W        Word                 Q           C:\text\system
   M        Multiplan            Q           C:\tabelle\system
   D        dBASE                Quit        C:\datei\system
   C        Chart                Q           C:\grafik\system
   P        PCTools              Esc         C:\hilfe\util


 Kopie      DiskCopy A: B:       Menu        C:\hilfe\dosbef
 Form       Format B: /v         Menu        C:\hilfe\dosbef
 Menu       Dieses Menü          Menu        C:\

-----------------------------------------------------------------

Bitte W, M, D, C, P, Kopie oder Form eingeben:
C:\>
```

Menü zur Auswahl der verfügbaren Werkzeuge (Tools)

Aufruf der Werkzeuge über Stapeldateien (3. Merkmal): Unter dem Menü steht das Promptzeichen "C:\>". MS-DOS wartet somit auf die Eingabe eines internen Befehls (z.B. DIR), externen Befehls (z.B. DISKCOPY) bzw. ausführbaren Programms (z.B. einer Stapeldatei). Gibt man M ein, so wird dadurch eine Stapeldatei mit Namen M.BAT aufgerufen, die zum Beispiel das Tool Multiplan im entsprechenden Verzeichnis aufruft. Auf diese Weise können die in der linken Menüspalte genannten Menübefehle W, M, D, ... durch gleichnamige Stapeldateien W.BAT, M.BAT, D.BAT, ... gesteuert werden.

7.2   Aufbau des Modells

7.2.1 Schritt 1: Bootfähige Festplatte einrichten

Um das Organisationsmodell auf der Festplatte einzurichten, sind die drei umseitig wiedergegebenen Vorarbeiten erforderlich:

1. Die Festplatte muß für die Arbeit mit MS-DOS vorbereitet werden (Dienstprogramm FDISK).
2. Die Festplatte muß formatiert sein (Befehl FORMAT).
3. Außerdem müssen die Konfigurationsdatei CONFIG.SYS und die Anpassungsdatei AUTOEXEC.BAT in das Stammverzeichnis der Festplatte kopiert werden.

Festplatten werden überwiegend vorformatiert geliefert. Aus diesem Grunde sind die beiden erstgenannten Arbeiten (Teilschritte 1 bis 6) wahrscheinlich bereits von Ihrem Händler vorgenommen worden.

Mit FDISK eine MS-DOS-Partition erstellen: Auf einer Festplatte können mehrere Teilbereiche bzw. Partitions für unterschiedliche Betriebssysteme (z.B. MS-DOS, Unix) eingerichtet werden. Um den gesamten Speicherbereich der Festplatte für MS-DOS verfügbar zu machen, geht man wie folgt vor:

1. Betriebssystemdiskette mit MS-DOS in Laufwerk A: einlegen.

2. FDISK eintippen und das Einrichtungsprogramm starten.

3. Eine "1" für Menüwahl "1. Erstellen Dos-Partition" eintippen. Die Frage "gesamte Festplatte für MS-DOS?" mit "j" beantworten. Nun wird auf der Festplatte vermerkt, daß die gesamte Platte für MS-DOS genutzt wird.

4. Mit Strg-Alt-Entf einen Warmstart durchführen (die Systemdiskette mit MS-DOS befindet sich immer noch in Laufwerk A:).

Mit FORMAT die Festplatte formatieren: Im Anschluß an die Ausführung von FDISK ist der Befehl FORMAT wie folgt auszuführen:

5. FORMAT C: /V /S eintippen. Die gesamte Festplatte wird jetzt formatiert (siehe Abschnitt 3.1) und das Betriebssystem übertragen (IO.SYS, MSDOS.SYS und COMMAND.COM). Anschließend können Sie einen Plattennamen eingeben (maximal 11 Zeichen lang, zum Beispiel FEST1).

6. Zur Kontrolle von der Festplatte aus booten: Die Diskette aus Laufwerk A: entnehmen und mit Strg-Alt-Entf erneut einen Warmstart durchführen. MS-DOS wird jetzt von der Festplatte C: aus gestartet.

Die Dateien CONFIG.SYS und AUTOEXEC.BAT speichern: Auf der Festplatte soll eine RAM-Disk konfiguriert werden. Außerdem soll die deutsche Tastatur eingestellt werden.

7. Zur Konfiguration übernehmen wir die in Abschnitt 5.2.1 erläuterte Datei CONFIG.SYS. Dazu kopieren wir die Datei von A: nach C: (mit dem Befehl COPY A:\CONFIG.SYS C:\); alternativ tippen wir die Datei nochmals neu ein (mit dem Befehl COPY CON CONFIG.SYS ... Strg-Z):

```
break=off
buffers=20
country=049
device=ansi.sys
device=vdisk.sys 96 128 64
```

Konfigurationsdatei CONFIG.SYS in C:\ speichern

8. Als Anpassungsdatei greifen wir auf die in Abschnitt 5.3.3 dargestellte Datei AUTOEXEC.BAT zurück. Diese wird wiederum im Stammverzeichnis C:\ der Festplatte gespeichert.

```
echo off
rem Anpassungsdatei autoexec.bat
keyb gr
path c:\; c:\hilfe\dosbef
prompt $p$g
date
ver
```

Anpassungsdatei AUTOEXEC.BAT in C:\ speichern

9. Folgende Dateien sind von der MS-DOS-Systemdiskette in A: auf die Festplatte zu kopieren, da sie von den Dateien CONFIG.SYS und AUTOEXEC.BAT aufgerufen werden:

```
COPY A:\ANSI.SYS C:\
COPY A:\COUNTRY.SYS C:\
COPY A:\KEYB.COM C:\
COPY A:\KEYBOARD.SYS C:\
COPY A:\VDISK.SYS C:\
```

Anmerkung: Wenn Sie MS-DOS bis zur Version 3.2 benutzen, dann sind die Dateien KEYB.COM und KEYBOARD.SYS durch die Datei KEYBGR.COM zu ersetzen.

10. Zur Kontrolle lassen Sie sich das Directory des Stammverzeichnisses der Festplatte anzeigen. Es hat nun z.B. folgendes Aussehen:

```
Diskette/Platte, Laufwerk C:, hat den
Namen FEST1
Verzeichnis von C:\
COMMAND   COM    25979  18.03.87  12.00
AUTOEXEC  BAT      122   4.01.87   0.01
CONFIG    SYS       81   3.01.88   1.29
ANSI      SYS     1678  18.03.87  12.00
COUNTRY   SYS    11285  18.03.87  12.00
KEYBOARD  SYS    19766  18.03.87  12.00
KEYB      COM     9168  18.03.87  12.00
VDISK     SYS     3527  18.03.87  12.00
     8 Datei(en)
```

7.2.2 Schritt 2: Verzeichnisse auf der Festplatte einrichten

Auf der Festplatte ist bislang nur das Stammverzeichnis C:\ verfügbar. Die Unterverzeichnisse sind nun gemäß der geplanten Verzeichnisstruktur (siehe Abschnitt 7.2) mit dem Befehl MD (Make Directory) einzurichten. Die Verzeichnisse der Ebene 1 richten wir durch folgende fünf Befehle ein:

```
C:\>md \hilfe
C:\>md \text
C:\>md \tabelle
C:\>md \datei
C:\>md \grafik
```

Abschließend werden folgende Unterverzeichnisse in der Ebene 2 eingerichtet:

```
C:\>md \hilfe\dosbef
C:\>md \hilfe\stapel
C:\>md \hilfe\util
C:\>md \text\system
C:\>md \text\anwend
C:\>md \tabelle\system
C:\>md \tabelle\anwend
C:\>md \datei\system
C:\>md \datei\anwend
C:\>md \grafik\system
C:\>md \grafik\anwend
```

In Ebene 3 sind nur für das Verzeichnis TEXT weitere Unterverzeichnisse vorzusehen:

```
C:\>md \text\system\privat
C:\>md \text\anwend\dienst
```

Alle Verzeichnisse sind leer eingerichtet: Damit sind jetzt die Verzeichnisse verfügbar. Wie das Directory zu TEXT zeigt, sind die Verzeichnisse
noch leer, d.h. ohne Dateien. Im Inhaltsverzeichnis sind noch keine
Dateinamen eingetragen, sondern nur die Namen von weiteren Unterverzeichnissen:

```
Diskette/Platte, Laufwerk C:, hat den
Namen FEST1
Verzeichnis von C:\TEXT
   .               <DIR>        2.01.88   1.11
   ..              <DIR>        2.01.88   1.11
SYSTEM             <DIR>        2.01.88   1.22
ANWEND             <DIR>        2.01.88   1.22
     4 Datei(en)
```

7.2.3 Schritt 3: Stapeldateien in die Verzeichnisse eingeben

Jedem Menübefehl entspricht eine Stapeldatei: Durch Eingabe von "W" soll die Textverarbeitung Word aufgerufen werden, durch Eingabe von "M" die Tabellenkalkulation Multiplan, ... Wie in Abschnitt 7.1 bereits erläutert, wird durch die Eingabe von "W" eine Stapeldatei mit Namen W.BAT aufgerufen, die dann Word aufruft. Jedem Menübefehl "W", "M", "D", ... ist eine Stapeldatei W.BAT, M.BAT, D.BAT zugeordnet. Den Stapeldateien liegt das gleiche Ablaufprinzip zugrunde. Am Beispiel der Datei W.BAT soll das Prinzip erklärt werden.

Stapeldatei W.BAT zum Aufruf der Textverarbeitung Word. Die Stapeldatei läuft wie folgt in fünf Schritten ab:

a) Das Festplattenlaufwerk C: wird eingestellt.
b) Das Verzeichnis TEXT\SYSTEM wird aktiviert, da in diesem Verzeichnis das Textverarbeitungssystem gespeichert ist.
c) Word wird aufgerufen. Bis zur Eingabe des Befehls Quit arbeitet der Benutzer nun unter der Kontrolle dieses Software-Werkzeuges.
d) Das Stammverzeichnis C:\ wird wieder aktiviert (unter Word kann ja ein anderes Verzeichnis eingestellt worden sein).
e) Die Stapeldatei MENU.BAT wird aufgerufen, um erneut das Befehlsmenü am Bildschirm anzuzeigen.

```
echo off
rem Name:  c:\hilfe\stapel\w.bat
rem Zweck: Textverarbeitung Word starten
rem --------------------------------------
c:                                                              a)
cd\text\system                                                  b)
word                                                            c)
c:
cd\                                                             d)
menu                                                            e)
```

Stapeldatei M.BAT zum Aufruf der Tabellenkalkulation Multiplan:

```
echo off
rem Name:  c:\hilfe\stapel\m.bat
rem Zweck: Tabellenverarbeitung Multiplan starten
rem ------------------------------------------------
c:
cd\tabelle\system
mp
c:
cd\
menu
```

Stapeldatei D.BAT zum Aufruf des Datenbankssystems dBASE:

```
echo off
rem Name:  c:\hilfe\stapel\d.bat
rem zweck: Datenbanksystem dBASE starten
rem ------------------------------------------
c:
cd\datei\system
dbase
c:
cd\
menu
```

Stapeldatei C.BAT zum Aufruf des Grafikprogrammes Chart:

```
echo off
rem Name:  c:\hilfe\stapel\c.bat
rem zweck: Grafiksystem Chart starten
rem --------------------------------------
c:
cd\grafik\system
chart
c:
cd\
menu
```

Stapeldatei P.BAT zum Aufruf des Dienstprogrammes PCTools:

```
echo off
rem Name:  c:\hilfe\stapel\p.bat
rem Zweck: Utility PCTools starten
rem -------------------------------
c:
cd c:\hilfe\util
pctools
c:
cd \
menu
```

Stapeldatei KOPIE.BAT zum Aufruf des Befehls DISKCOPY: Mit dem
Aufruf von KOPIE wird eine Sicherungskopie der Diskette A: nach B: erstellt:

a) In diesem Verzeichnis ist der externe MS-DOS-Befehl DISKCOPY
    abgelegt.
b) Der Befehl DISKCOPY wird aufgerufen.
c) Das Menü erscheint wieder am Bildschirm.

```
echo off
rem Name:  c:\hilfe\stapel\kopie.bat
rem Zweck  Diskcopy-Befehl aufrufen
rem -------------------------------
c:
cd\hilfe\dosbef                                a)
diskcopy a: b:                                 b)
cd\
menu                                           c)
```

Stapeldatei FORM.BAT zum Aufruf des Befehls FORMAT:

```
echo off
rem Name:  c:\hilfe\stapel\form.bat
rem Zweck: Format-Befehl aufrufen
rem -------------------------------
c:
cd\hilfe\dosbef
echo Achtung: Diskette in B: wird gelöscht!
format b: /v
cd\
menu
```

Stapeldatei MENU.BAT zum Aufruf des Menüs MENU.TXT: Die Dateien
W.BAT, M.BAT, D.BAT, C.BAT, P.BAT, KOPIE.BAT und FORM.BAT
rufen am Ende mit dem Befehl MENU jeweils die Stapeldatei ME-
NU.BAT auf. Diese sorgt dafür, daß das Befehlsmenü wieder am Bildschirm erscheint:

a) Der Bildschirm wird gelöscht.
b) Das Stammverzeichnis C:\ wird eingestellt, da hier die Textdatei
    MENU.TXT ablegt ist.
c) Mit dem TYPE-Befehl wird der Inhalt der Datei MENU.TXT an-
    gezeigt, d.h. das Menü erscheint am Bildschirm.

```
echo off
rem Name:  c:\hilfe\stapel\menu.bat
rem Zweck: Menü zur Werkzeugauswahl anzeigen
rem --------------------------------------------
cls                                                      a)
c:
cd\                                                      b)
type menu.txt                                            c)
```

Eingabe von Stapeldateien: Zur Eingabe und Bearbeitung der obigen Stapeldateien gelten die bereits in Abschnitt 6 dargestellten Regeln:

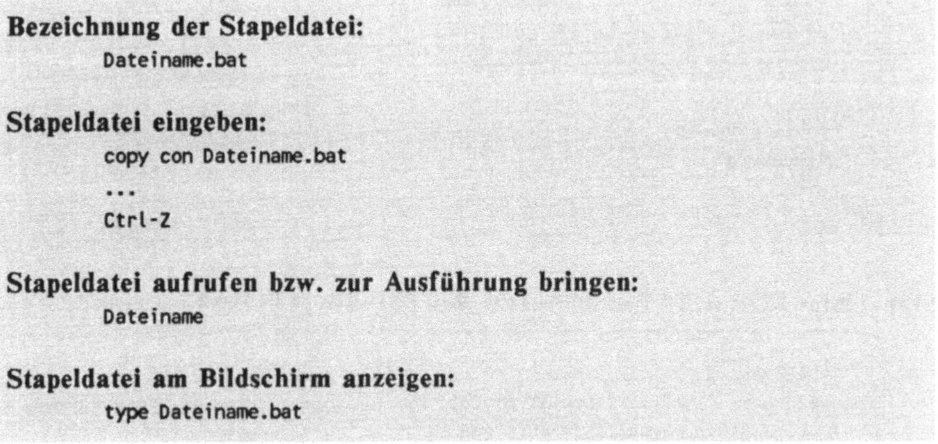

Bezeichnung der Stapeldatei:
```
Dateiname.bat
```

Stapeldatei eingeben:
```
copy con Dateiname.bat
...
Ctrl-Z
```

Stapeldatei aufrufen bzw. zur Ausführung bringen:
```
Dateiname
```

Stapeldatei am Bildschirm anzeigen:
```
type Dateiname.bat
```

Tätigkeiten beim Bearbeiten einer Stapeldatei

Eingabe der Stapeldatei W.BAT in das Verzeichnis HILFE\STAPEL: Wie alle Stapeldateien wird auch die Datei W.BAT im Verzeichnis HILFE\-STAPEL gespeichert. Zur Eingabe über den Befehl COPY CON hat man zwei Möglichkeiten:

a) Eingabe vom Stammverzeichnis C:\ ausgehend. Nach der Eingabe ist C:\ weiterhin aktiv.

b) Zunächst wird mit dem CD-Befehl das Verzeichnis HILFE\STA-PEL aktiviert, um dann die Datei W.BAT einzugeben. Nach der Eingabe bleibt das Verzeichnis C:\HILFE\STAPEL weiterhin aktiv.

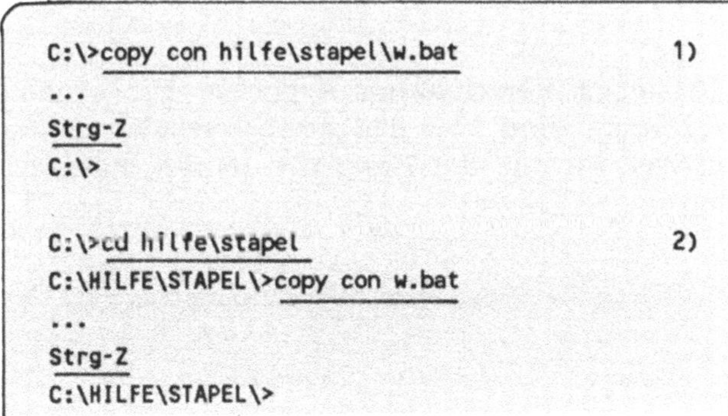

Eingabe des Menüs MENU.TEXT in das Stammverzeichnis C:\: Die Textdatei MENU.TXT umfaßt die 14 Textzeilen des Befehlsmenüs (siehe Abschnitt 7.1). Die Datei MENU.TXT wird jeweils über die Stapeldatei ME-NU.BAT aufgerufen. Im Gegensatz zu den Stapeldateien wird MENU.-TXT im Stammverzeichnis der Festplatte abgelegt. Die Eingabe der Textdatei nimmt man am besten über ein Textverarbeitungsprogramm vor. Natürlich kann man auch den COPY CON-Befehl benutzen.

7.2.4 Schritt 4: Dateien der Werkzeuge in die Verzeichnisse kopieren

Kopieren am Beispiel des Software-Werkzeugs Word: Die Dateien der Software-Werkzeuge sind nun von der jeweiligen Systemdiskette in die entsprechenden Verzeichnisse auf die Festplatte zu kopieren. Das Kopieren einer Systemdiskette der Textverarbeitung Word zum Beispiel läuft wie umseitig wiedergegeben ab:

a) Word-Systemdiskette in Laufwerk A: einlegen. Zur Kontrolle anschließend das Inhaltsverzeichnis anzeigen lassen.
b) Alle Dateien der Diskette auf die Festplatte kopieren.
c) Zur Kontrolle das Inhaltsverzeichnis anzeigen lassen.

```
C:\>dir a:                                          a)

...

C:\>copy a:*.* c:\text\system                       b)
C:\>dir text\system                                 c)

...

C:\>
```

Software-Werkzeuge in sieben Verzeichnisse kopieren: Die Dateien der
folgenden Software-Werkzeuge sind von den entsprechenden Systemdis-
ketten in Diskettenlaufwerk A: auf die Festplatte in das entsprechende
Verzeichnis zu kopieren:

Werkzeug:	Zu kopieren in Verzeichnis:
MS-DOS	HILFE\DOSBEF
Stapeldateien	HILFE\STAPEL (Abschnitt 7.2.3)
PCTools	HILFE\UTIL
Word	TEXT\SYSTEM
Multiplan	TABELLE\SYSTEM
dBASE	DATEI\SYSTEM
Chart	GRAFIK\SYSTEM

Software-Werkzeuge auf die Festplatte kopieren

7.2.5 Schritt 5: Modell testen

Test des Modells zur Festplattenorganisation: Nach dem Booten erscheint
automatisch das Menü. Unter dem Menü steht das Promptzeichen "C:\>".
Wird ein MS-DOS-Befehl eingegeben wie z. B. DIR, so wird er ausgeführt. Wird dagegen einer der im Menü in der ersten Spalte angebotenen
Befehle W, M, D, C, P, KOPIE oder FORM eingegeben, so wird das zu-

gehörige Software-Werkzeug aufgerufen. Nach dem Beenden der Arbeit mit diesem Werkzeug erscheint wieder das Menü. Zwei Hinweise:

- Zum Zeitpunkt der Eingabe eines der obigen Befehle kann ein beliebiges Verzeichnis aktiv sein (nicht unbedingt C:\). In der Datei AUTOEXEC.BAT wurde C:\HILFE\STAPEL als Pfad eingetragen. MS-DOS sucht somit automatisch auch in diesem Verzeichnis.
- Durch die Eingabe von Menu können Sie sich jederzeit das Menü wieder auf den Bildschirm holen.

Bildschirmdialog als Beispiel: Das Promptzeichen zeigt A:\ als aktives Verzeichnis an. Nach der Eingabe von MENU wird das Menü angezeigt.

a) Nun ist C:\ als aktives Verzeichnis eingestellt. Durch Eingabe von "D" wird das Datenbanksystem dBASE aufgerufen.
b) Erst nach Eingabe des Befehls Quit wird die Kontrolle wieder an die Betriebssystemebene zurückgegeben. Das Menü erscheint erneut.
c) Mit dem Ausschalten des PCs wird die Arbeit beendet.

```
A:\>menu
-------------------------------------------------
Aufruf: Werkzeug:        Rückkehr:     Verzeichnis

   W       Word             Q          C:\text\system
   M       Multiplan        Q          C:\tabelle\system
   D       dBASE            Quit       C:\datei\system
   C       Chart            Q          C:\grafik\system
   P       PCTools          Esc        C:\hilfe\util

 Kopie    DiskCopy A: B:    Menu       C:\hilfe\dosbef
 Form     Format B: /v      Menu       C:\hilfe\dosbef
 Menu     Dieses Menü       Menu       C:\
-------------------------------------------------
Bitte W, M, D, C, P, Kopie oder Form eingeben:
C:\>d                                               a)
...
    Arbeiten unter Kontrolle von dBASE bis zur Eingabe von Quit
...                                                 b)
-------------------------------------------------
Aufruf: Werkzeug:        Rückkehr:     Verzeichnis
...
    Das Befehlsmenü erscheint erneut am Bildschirm
...                                                 c)
```

7.2.6 Schritt 6: Modell ändern bzw. erweitern

Das beschriebene Modell können Sie leicht ändern und Ihren Anforderungen anpassen. Am Beispiel der folgenden Änderung soll das Vorgehen kurz beschrieben werden: Zusätzlich zu Word soll das Textverarbeitungssystem WordStar in das Modell eingebunden werden. Man geht in fünf Schritten vor

1. Menüaufbau in der Datei MENU.TXT ändern: MENU.TXT ist im Stammverzeichnis C:\ abgelegt. Unter der Menüzeile mit dem Befehl W (für Word) fügen Sie eine Zeile mit dem Befehl WS (für WordStar) ein:

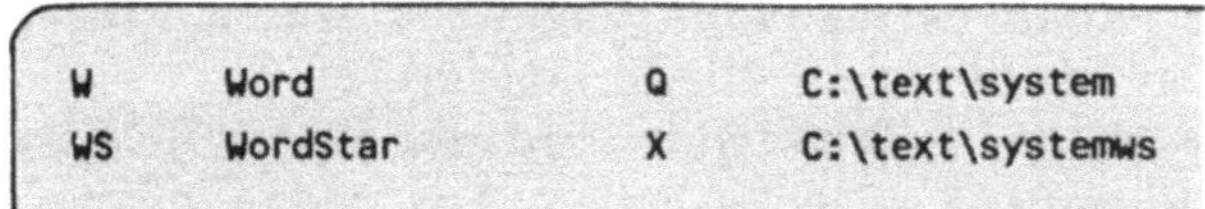

```
W      Word          Q      C:\text\system
WS     WordStar       X      C:\text\systemws
```

2. Verzeichnisse TEXT\SYSTEMWS und TEXT\ANWENDWS anlegen: Im Verzeichnis TEXT\SYSTEMWS soll das Textverarbeitungssystem WordStar abgelegt werden. Das Verzeichnis TEXT\ANWENDWS nimmt die zugehörigen Anwendertexte auf.

```
C:\>md text\systemws
C:\>md text\anwendws
```

3. Die Stapeldatei WS.BAT für den Menübefehl eingeben: In das Verzeichnis C:\HILFE\STAPEL wird die folgende Stapeldatei abgespeichert. Dazu kann man eine bereits existierende Stapeldatei (z.B. W.BAT) ändern und unter dem Namen WS.BAT neu speichern.

```
echo off
rem Name:  c:\hilfe\stapel\ws.bat
rem Zweck: Textverarbeitung WordStar starten
rem ------------------------------------------
c:
cd\text\system
ws
c:
cd\
menu.bat
```

4. Wordstar von Diskette(n) auf die Festplatte kopieren: Über den COPY-Befehl werden die entsprechenden Systemprogramme in das Verzeichnis C:\TEXT\SYSTEMWS kopiert.

```
C:\>copy a:*.* c:\text\systemws
```

5. WordStar als zusätzliches Werkzeug testen: Dazu sind im Verzeichnis TEXT\SYSTEMWS gegebenenfalls noch Konfigurationsdateien anzulegen.

Nach der Änderung hat das Modell zur Festplattenorganisation nun folgende Verzeichnisstruktur:

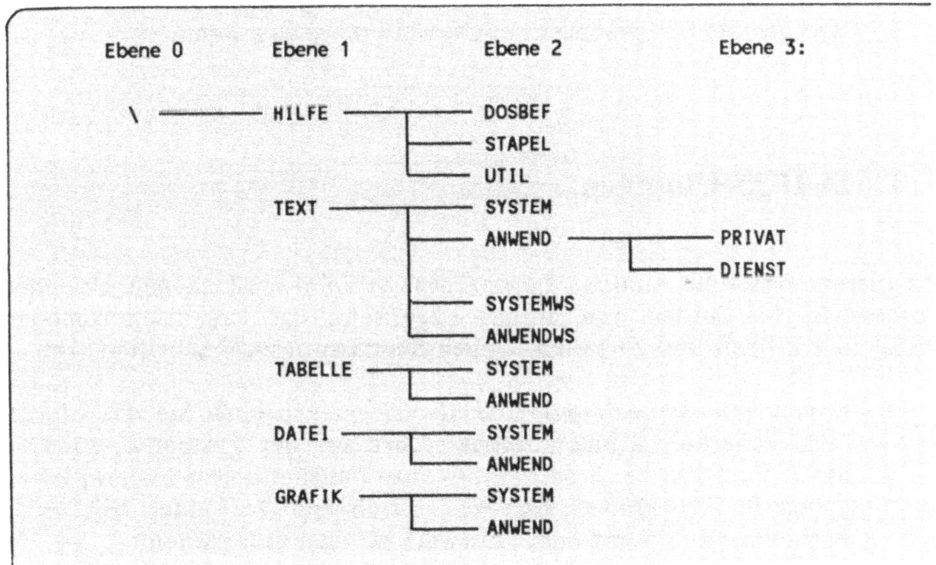

Modell einer Verzeichnisstruktur (Erweiterung für WordStar)

7.3 Zusammenfassung

In Abschnitt 7 wurde gezeigt, wie man ein einfaches Modell zur Organisation der Festplatte aufbaut, benutzt und erweitert. Sie haben gelernt:

- Wie das Modell über ein Befehlsmenü gesteuert wird.
- Wie man das Modell in sechs Schritten aufbaut.
- Welche Aufgaben die beiden Dateien CONFIG.SYS und AUTO-EXEC.BAT dabei übernehmen müssen.
- Welche Verzeichnisse auf der Platte anzulegen sind.
- Was unter dem Prinzip *Für jeden Menübefehl genau eine Stapeldatei* zu verstehen ist.
- Wie man die Stapeldateien für die Menübefehle erstellt.
- Wie man die (Nutz-)Dateien in die Verzeichnisse kopiert.
- Wie das Modell geändert bzw. erweitert werden kann.

7.4 MS-DOS-Übungen

Zu diesem Abschnitt sind im Lernprogramm keine zusätzlichen Übungen vorgesehen. Sie sollten nun in der Lage sein, das Organisationsmodell selbst zu erproben und zu testen. Gehen Sie dazu in zwei Schritten vor:

1. Organisationsmodell auf Diskette testen. Erproben Sie das Modell "aus Sicherheitsgründen" nicht sofort auf der Festplatte, sondern auf einer Diskette. Ersetzten Sie dazu bei sämtlichen Laufwerksangaben in Abschnitt 7 das "C:\" durch ein "A:\" oder "B:\" - je nachdem, ob Sie mit dem Laufwerk A: oder B: arbeiten.

2. Organisationsmodell auf Festplatte testen. Jetzt können Sie das Modell auf Ihrer Festplatte erproben. Legen Sie dazu in jedem Fall von allen Dateien der Festplatte Sicherungskopien (Diskette oder Band) an.

Befehlsverzeichnis zu MS-DOS 3.3

Beschreibung der Befehle (bis Version 3.3 einschließlich.) in drei Punkten:

1) Befehlswort: Befehlszweck, Befehlsart
   (interner oder externer Befehl).
2) Allgemeines Format: Klammerangaben wahlfrei,
   (...) für beliebig wiederholbaren Begriff,
   / für entweder-oder, d: für Laufwerksangabe.
3) Beispiele: mit Befehlsaufrufen zu typischen Anwendungen.

append (ab DOS 3.3)   **Auf Dateien zugreifen (extern)**
append d:Pfad (;(d:)Pfad ...)
append (/ x)(/ e)

ansi.sys   **Tastatur-Treiber (für device)**
device=ansi.sys

assign   **Zugriff umleiten (extern)**
assign (x(=)y(...))

attrib   **Dateiänderungsattribut (extern)**
attrib (+r/-r)(+a/-a) (d:)(Pfad)(Dateiname(.erw) (/s)

autoexec.bat   **Spezielle Stapeldatei**

backup   **Daten von Platte sichern (extern)**
backup d:(Pfad)(Dateiname(.erw)) d:(s)(/m)(/a)(/d:tt.mm.jj)

break   **Abbruch Strg-C prüfen (intern)**
break (on/off)

buffers   **Pufferanzahl (für config.sys)**
buffers=x

cd   **Verzeichnis wechseln (intern)**
cd (d:)(Pfad)

chcp (ab DOS 3.3)   **Zeichensatztabelle (intern)**
chcp (nnn)   Gewählte Zeichensatztabelle nnn.

chdir Wie cd: (intern)

chkdsk Speicherstatusbericht (extern)
chkdsk(d:)(Pfad)(Dateiname(.erw))(/f)(/v)   f=Fehler, v=Anzeigen

cls Bildschirm löschen (intern)

command Befehlsprozessor rufen (extern)
command (d:)(Pfad)(/p)(/c Zeichenfolge) (/e:xxxxx)

comp Dateiinhalt vergleichen (extern)
comp (d:)(Pfad)(Dateiname(.erw)) (d:)(Pfad)(Dateiname(.erw))

copy Datei1 Datei2 Dateien kopieren (intern)
copy (d:)(Pfad)Dateiname(.erw) (d:)(Dateiname(.erw))(/v)

copy Datei1+Datei2 ...Datei Dateien zusammenfügen (intern)
copy (d:)(Pfad)Dateiname(.erw) (+(d:)(Pfad)Dateiname(.erw) ...)
   (d:)(Pfad)(Dateiname(.erw))(/v)

copy Eingabeeinheit Datei Eingabe von Einheit aus (intern).

copy Datei Ausgabeeinheit Datei drucken (intern)

country Länderanpassung (für config.sys)
country=xxx   mit xxx=049 für Deutschland, xxx=001 für USA, ...

ctty Standardeinheit ändern (intern)
ctty Einheitenname   (aux, com1/com2, con, lpt1, lpt2, lpt3, prn, nul)

date Datum und Uhr setzen (intern)
date (tt.mm.jj)

del Datei löschen: wie erase (intern)

device Einheitentreiber laden (config)
device=(d:)(Pfad)(Dateiname(.erw)

dir Inhaltsverzeichnis zeigen (intern)
dir (d:)(Pfad)(Dateiname(.erw))(/p)(/w)   mit w=wide, p=pause

diskcomp Disketteninhaltvergleich (extern)
diskcomp (d: (d:))(/1)(/8)   mit /1=erste Disk.-Seite, /8=8 Sektoren

diskcopy Disketteninhalt kopieren (extern)

diskcopy (d: (d:))(/1)

display.sys (ab DOS 3.3)   Zeichensatztabelle (für device)
device=display.sys con(:)=(typ(,hwcp)(,n,m))))

driver.sys   Blockeinheitentreiber (für device)
device=driver.sys /d:zzz(/t:zzz)(/s:zz)(/h:zz)(/c)(/n)(/f:z)

echo   Nachricht anzeigen (intern)
echo (on/off/Nachricht)

erase   Dateien löschen (intern)
erase (d:)(Pfad)Dateiname(.erw)

exe2bin   exe- in com/bin ändern (extern)
exe2bin (d:)(Pfad)Dateiname(.erw) (d:)(Pfad)(Dateiname(.erw))

fcbs   File Control Block (config.sys)

fdisk   Festplatten-Utility (extern)

fastopen (ab DOS 3.3)   Schneller Dateizugriff (extern)
fastopen d:(=nnn)...   *Anzahl der Dateien (Standard = 34).*

files   Zugriffsanzahl (für config.sys)
files=x   mit x=8-255 (Standardwert 8)

find   Filterbefehl (extern)
find (/v)(/c)(/n)"String" ((d:)(Pfad)Dateiname(.erw)...)

for   Wiederholung in Stapel (intern)
for %%Variable in (Satz) do Befehl

format   Diskette formatieren (extern)
format (d:)(/s)(/1)(/8)(/v)(/b)(/4)(/n:xx)(/t:yy)

goto   In Stapeldatei verzweigen (intern)
goto :Sprungziel

graftabl   Grafikzeichen laden (extern)
graftabl (437/860/863/865 / status)

graphics   Grafik-Druckertreiber (extern)
graphics (Druckertyp)(/r)(/b)

if   **Auswahl in Stapel (intern)**
if (not)Bedingung Befehl

join   **Verzeichnisse verknüpfen (extern)**
join   oder   join d: d:\Verzeichnis   oder   join d:/d

keyb (ab DOS 3.3)   **Tastatur anpassen (extern)**

keyboard.sys (ab Dos 3.3)
Tastaturdefinitionsdatei mit den Zeichensatztabellen für KEYB.COM.

keybxx (bis DOS 3.2)   **Tastatur Land xx (extern)**

label   **Name von Platte ändern (extern)**
label (d:)(Name)

lastdrive   **Laufwerkanzahl (für config.sys)**
lastdrive=x   Buchstabe a-z für x (Standard lastdrive=e)

md   **Verzeichnis erstellen (intern)**
md (d:)Pfad

mkdir   **Wie md; Make Directory (intern)**

mode   **Modus für Schnittstelle (extern)**
mode lpt#(:)(n)(,(m)(,p)
mode n oder mode (n),m(,t)
mode comn(:)Baud(,Parität(Datenbits(,Stoppbits(,p))))
mode lpt#(:)=comn

more   **Bildschirm-Filterbefehl (extern)**
more

path   **Verzeichnis-Pfad nennen (intern)**
path ((d:)Pfad((;(d:)Pfad)...))

pause   **Stapeldatei unterbrechen (intern)**
pause (Bemerkung)

print   **Warteschlange drucken (extern)**
print (/d:Einheit)(/b:Puffer)(u:In Arbeit-Puls)(/m:max.Pulszahl)(s:

prompt   **Bereitschaftszeichen neu (extern)**
prompt (Text des Bereitschaftszeichens)

rd   Verzeichnis löschen (intern)
rd (d:)Pfad

recover   Dateien wieder herstellen (extern)
recover (d:)(Pfad)Dateiname(.erw)

rename   Dateiname ändern (intern)
ren(ame) (d:)(Pfad)(Dateiname(.erw)) Dateiname(.erw)

replace   Platten-Dateien ersetzen (extern)
replace (d:)(Pfad)Quelldateiname(.erw) (d:)(Pfad)(/a)
(/p)(/r)(/s)(/w)

restore   Gegenstück zu backup (extern)
restore d:(d:)(Pfad)Dateiname(.erw.)(/s)(/p)

rem   Bemerkung in Stapel (intern)
rem (Bemerkung)

rmdir   Verzeichnis löschen (siehe rd)

select   DOS installieren (extern)
select ((a: oder b:)d:(Pfad)) xxx yy

set   Umgebungsvariable (intern)
set (Name=(Parameter))

share   Dateizugriff gemeinsam (extern)
share (/f:Dateigröße)(/l:Sperren)

shell   Befehlsprozessor (für config.sys)

shift   Über 10 Stapelparameter (intern)
shift   mit Verschiebung um 1 bei jedem erneuten Befehlsaufruf

Sort   Filterbefehl: Sortierung (extern)
sort(/r)(+n)   r=absteigend, n=ab Spalte n (n=1 Stand.)

Subst   Laufwerksbezeichnung (extern)
subst d: d:Pfad   (dabei Zahl in lastdrive berücksichtigen)

sys   DOS auf Platte kopieren (extern)
sys d: (Hinweis: command.com nicht übertragen)

time   Systemzeit setzen, ändern (intern) *time (hh:mm:(:ss(.tt)))*

tree   Verzeichnisbaum zeigen (extern)
tree (d:)(/f)   (f=Namen in Unterverzeichnissen zeigen)

type   Datei im ASCII anzeigen (intern)
type (d:)(Pfad)Dateiname(.erw)

vdisk.sys   RAM-Disk-Treiber (für device)
device=(d:)(pfad)vdisk.sys (bbb) (sss) (ddd)(/e)(:m)

ver   Versionsnummer zeigen (intern)
ver

verify   Aufzeichnung prüfen (intern)
verify (on/off)

vol   Namen der Platte zeigen (intern)
vol (d:)
xcopy   Dateigruppe kopieren (extern)
Drei Formate mit den Parametern (/a)(/d)(/e)(/m)(/p)(/s)(/v)(/w):
xcopy (d:)(Pfad)Dateiname(.erw) (d:)(Pfad)(Dateiname(.erw))
xcopy (d:)Pfad(Dateiname(.erw)) wie oben
xcopy d:(Pfad)(Dateiname(.erw)) wie oben

Sachwortverzeichnis

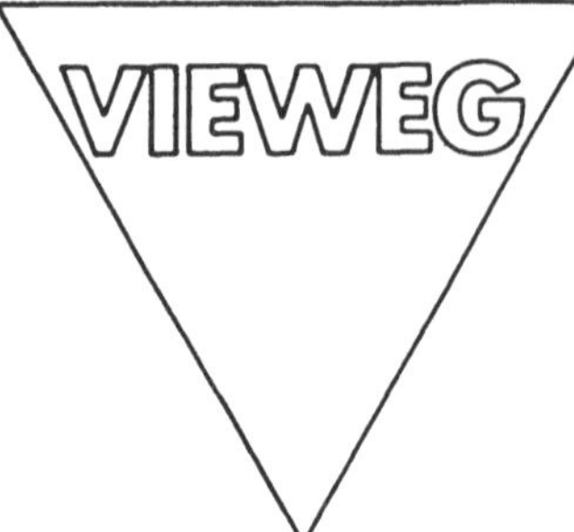

Ekkehard Kaier und Edwin Rudolfs

Turbo Pascal-Wegweiser für Mikrocomputer
Grundkurs + Aufbaukurs + Übungen zum Grundkurs

Diese Wegweiser-Bücher informieren umfassend über die grundlegenden Anwendungsmöglichkeiten, die Turbo Pascal unter den Betriebssystemen CP/M, MS-DOS und MSX-DOS bietet:
- Entwicklung von Software;
- Bedienung des Turbo Pascal-Systems;
- Übungsaufgaben und Lösungen zum Vertiefen der Pascal-Kenntnisse.

Grundkurs zum Programmieren mit Turbo Pascal für Einsteiger:
Welche Sprachmittel stehen zur Programmierung von Folge-, Auswahl- und Wiederholungsstrukturen zur Verfügung? Wie nutzt man Prozeduren und Funktionen als Unterprogramme? Wie setzt man die einfachen Datentypen INTEGER, BATE, REAL, CHAR und BOOLEAN ein? Welche Datentypen kann der Benutzer selbst vereinbaren? Was zeichnet die strukturierten Datentypen String und Array aus? Wozu dienen typisierte Konstanten?

Aufbaukurs zum Programmieren mit Turbo Pascal für Fortgeschrittene:
- Datenstrukturen Set (Menge) und Record (Verbund).
- Datenstruktur File (Datei) als datensatzorientierte Datei, Textdatei und nicht-typisierte Datei.
- Pointer (Zeiger) zur Erzeugung dynamischer Datenstrukturen.
- Direkte Rekursion und indirekte Rekursion (Forward-Vereinbarung).
- Verfahren zum Suchen, Sortieren, Mischen und Gruppieren.
- Dateiorganisation sequentiell, im Direktzugriff und index-sequentiell.
- Stapel und Schlange als statische und dynamische Strukturen.
- Einfach und doppelt verkettete Listen.
- Grundlegende Operationen mit Binärbäumen.

Übungen zum Grundkurs:
156 Aufgaben mit kompletten Lösungen und 132 Programmbeispielen zum Anwenden, Vertiefen und Selbsttesten der eigenen Programmierfähigkeiten.